Suhrkamp BasisBiographie 27 Andy Warhol

Leben Werk Wirkung

Annette Spohn, geboren 1967, studierte Kunstgeschichte, Philosophie und Germanistik in Mainz, Würzburg und Berlin. 1998 promovierte sie über die Gemälde Eva Hesses. Lehraufträge an verschiedenen Universitäten und Publikationen kulturwissenschaftlicher Texte. Seit 1997 arbeitet sie als Fernseh-Kulturredakteurin.

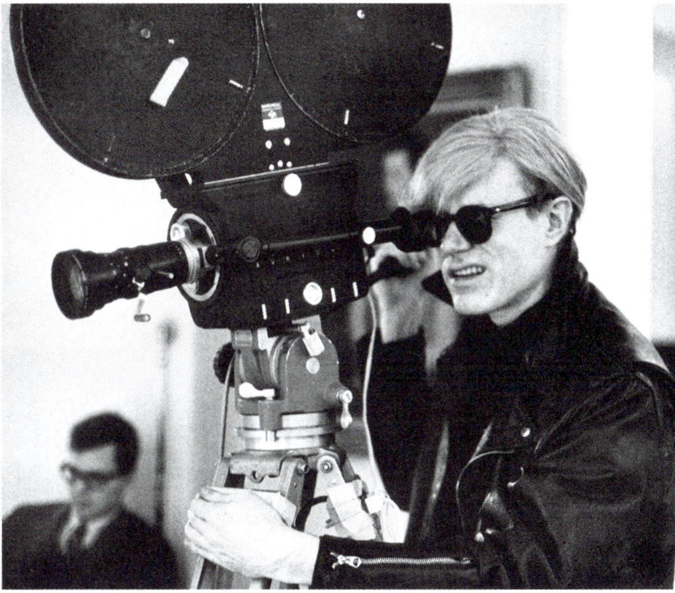

Andy Warhol

Suhrkamp BasisBiographie
von Annette Spohn

Suhrkamp BasisBiographie 27 Erste Auflage 2008 Originalausgabe

Druck: CPI – Clausen & Bosse, Leck · Printed in Germany
Umschlag: Hermann Michels und Regina Göllner
ISBN 978-3-518-18227-7
Die Schreibweise entspricht den Regeln der neuen Rechtschreibung, Zitate wurden in ihrer ursprünglichen Schreibweise belassen.

1 2 3 4 5 6 – 13 12 11 10 09 08

Inhalt

Wirkung

Anhang

Eine amerikanische Erfolgsgeschichte

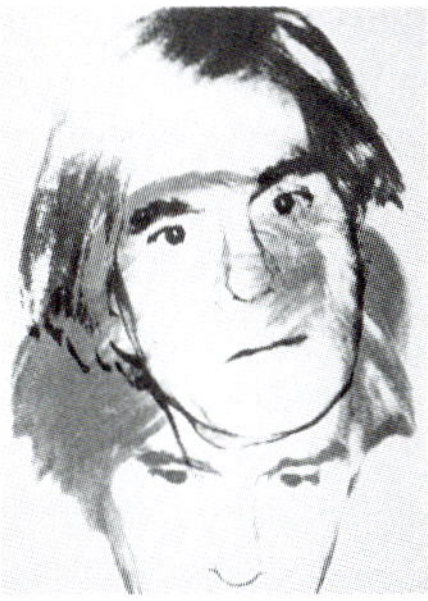

Andy Warhols Leben ist eine Erfolgsgeschichte, ein Paradebeispiel für die Verwirklichung des »American Dream« im Land der unbegrenzten Möglichkeiten. Warhol war talentiert – und hatte Glück, dass dieses Talent schon früh erkannt und gefördert wurde. Er konnte hervorragend zeichnen, und er hatte künstlerisches Gespür. Aber er war auch fleißig bis zur Besessenheit, ein außerordentlich erfolgreicher Geschäftsmann mit ungewöhnlichen Ideen und auf dem Gebiet der Selbstvermarktung ein Genie.

Von 1947 an, als er sich zum ersten Mal auf den Weg nach New York machte und dort in kurzer Zeit zum Trendsetter und Superstar avancierte, verfolgte der begnadete Stratege beharrlich sein Lebensziel, reich und berühmt zu werden. Verblüffend an der Karriere Warhols, der heute zu Recht als einer der Hauptvertreter der Pop Art gilt, ist nicht nur sein Aufstieg aus bescheidenen Verhältnissen zum Taktgeber einer Generation, sondern die unauflösbare Melange von Person, Werk und Zeit. Um ganz nach oben zu gelangen, braucht es auch das entsprechende Umfeld, in dem Talent, Kreativität, Fleiß, Glück und eine gewisse Exzentrik wirken können. In Warhols Karriere kam alles zusammen. Die US-amerikanische Kunst hatte sich mit der Bewegung des Abstrakten Expressionismus nach dem Zweiten Weltkrieg von den europäischen Traditionen emanzipiert und brauchte ein eigenes neues Wirkungsfeld, um die gerade gewonnene Bedeutung behaupten zu können. Bald entdeckten die jungen Künstler als Gegenpol zur High Art die Niederungen der Werbung und die banalen Aspekte der Kunst. Als Vordenker dieses Konzeptes fungierte dabei z. B. Marcel Duchamp; der Angriff auf den Kunstmarkt, der damit immer auch einhergeht, war schon seit der zweiten Hälfte des 19. Jahrhunderts ein Thema für die Kunst und wurde vor allem für das 20. Jahrhundert verbindlicher Fokus zahlreicher Künstler. Im Werk und Leben Warhols spielt diese

Thematik eine ganz besondere Rolle. Hier liegt nicht zuletzt auch ein großer Teil der Faszination, die seine Arbeiten von Anfang an hatten und bis in die Gegenwart hinein nicht verloren haben. Obwohl er Mitglied der Community war, hat er mit seinen künstlerischen Aussagen die Welt des Konsums wie auch die Welt der Kunst radikal hinterfragt und letztlich ihre Absurdität thematisiert.

Andy Warhol prägte eine Generation, die sich nicht an die bestehenden Regeln hielt und neue Maßstäbe für kommende Generationen setzte. Nachfolgende Künstler haben mit Andy Warhol ein Vorbild, das die Gesetze des Marktes und der Konsumgesellschaft durchschaute, ausnutzte und gleichzeitig zum Inhalt seiner Kunst machte. Den marktreflexiven Künstler Andy Warhol zu übertreffen dürfte schwer sein.

Die Gründung, genauer gesagt, die Entwicklung der sogenannten Factory – einer Fabriketage, die nicht nur als Atelier, sondern vor allem auch als Treffpunkt der Underground-Szene von New York fungierte – hätte ein Marketing-Coup sein können, wenn Warhol die Factory bewusst initiiert hätte; tatsächlich aber ist sie allmählich gewachsen. Der Underground war es, der Warhol reizte – allerdings ohne dessen kriminelles Potential – und den er gewissermaßen im Schutze einer glanzvollen Karriere als Grafiker und später dann als Künstler und Mitglied der Boheme genoss. Zum einen lieferte das Personal der Szene das Material, das den Voyeur Warhol in jeder Hinsicht zufriedenstellte. Zum andern bot dieses Milieu die größtmögliche Chance, ›anders als die Norm‹ zu sein. Ein homosexueller Künstler mit diversen körperlichen Eigenheiten hatte es nicht leicht – da bot der Underground gerade als Treffpunkt für skurrile und merkwürdige Menschen den größtmöglichen Freiraum. Die Freiheit der Selbstinszenierung oder auch -verwirklichung war nicht nur ein sehr amerikanischer Gedanke, sondern auch Lebensmaxime von Andy Warhol.

Die Wirkung Warhols wurzelt aber auch in seiner Neugierde auf die neuen Medien und in deren Beherrschung bzw. in seiner künstlerischen Auseinandersetzung mit ihnen. Andy Warhol Superstar war auch Andy Warhol Medienstar. Ob es sich um Bücher, Gemälde, Drucke, Zeichnungen, Filme oder Plattencover handelte, Warhol versuchte sich an vielen Dingen, war stets auf dem neuesten Stand der Technik wie z. B. bei den Siebdrucken und den Filmen und brachte auf allen Gebieten Beachtetes und Beachtenswertes hervor.

Die Faszination, die von ihm ausgeht, liegt sicherlich in der Verbindung von Ruhm und Individualität begründet. Warhol war eine sehr eigene Persönlichkeit und ist es auch über all die Jahre des Erfolgs geblieben. Im Grunde war er ein recht schüchterner, eher originell denn gut aussehender, bescheidener Mensch, kein Freund großer Worte, was in der expandierenden Mediengesellschaft eine ungewöhnliche Zutat für ein wirkungsmächtiges Lebensmodell ist. Aber Warhol war auch ehrgeizig und mutig. Er wusste, was er konnte, und er wusste außerdem, wie das anderen Menschen klarzumachen war. Es gehörte viel Mut dazu, sich in den USA der fünfziger und sechziger Jahre als Homosexueller mit gesellschaftlich randständigen Menschen zu umgeben; sich politisch im Unbestimmten zu positionieren; sich in einem prüden Land als pornografischer Filmemacher zu betätigen; sich als Mann zu schminken und mit auffälligen Perücken auszustatten; sich bis an den Rand der Selbstauflösung immer wieder neu zu inszenieren. Der Grat, auf dem sich Warhol bewegte, war oft schmal und wurde im Lauf seines Lebens noch schmaler. Aber es ist ihm gelungen, »bis zu seinem Tod 1987 jedenfalls, was er vermutlich zeit seines Lebens wollte: den verletzlichen Menschen Warhol so gut wie komplett hinter der Kunstfigur verschwinden zu lassen« (Kettelhake 2005). Und er hat sein Lebensziel erreicht. Sein Ausspruch, dass jeder Mensch für 15 Minuten Berühmtheit erlangen kann, ist zum geflügelten Wort geworden; Warhol hat virtuos dafür gesorgt, dass seine 15 Minuten etwas länger dauern.

Leben

Andy Warhols Leben spiegelt in besonderer Weise das politisch-gesellschaftliche Klima in den USA wider. Um einen Eindruck von seinem Umfeld zu geben und damit manches in seiner Entwicklung verständlich zu machen, wird den einzelnen Kapiteln ein kurzer Abriss der jeweiligen politischen, sozialen und kulturellen Ereignisse vorangestellt, der keinerlei Anspruch auf Vollständigkeit hat, aber doch die Gegebenheiten der damaligen Zeit skizziert, die als Taktgeber und Stimmungsbarometer für das Leben Warhols zu sehen sind.

»Locked on target«: Der Weg nach New York (1928-1949)

Land unbegrenzter Möglichkeiten I

Nach dem Ende der Wirtschaftskrise in den USA im Jahr 1933 wurden einige restriktive Gesetze wie das Alkohol- und das Glücksspielverbot aufgehoben. Mit der Gründung der »Works Progress Administration« (WPA) sollte die amerikanische Bevölkerung unterstützt werden; Bestandteil dieses Programms war das »Federal Art Project«, zu dessen Aufgaben es gehörte, den Künstlern neue Arbeitsmöglichkeiten zu erschließen. Der 1937 eingewanderte László Moholy-Nagy gründete 1938 in Chicago das New Bauhaus, die »School of Design«. Im selben Jahr siedelte auch Mies van der Rohe nach Chicago über und leitete dort das »Department of Architecture« am Illinois Institute of Technology. Ebenfalls 1938 kam es nach Sendung des von Orson Welles inszenierten Hörspiels *Krieg der Welten* zu einer Massenpanik in den USA, weil die Zuhörer die fiktive Reportage für bare Münze nahmen.

Am 1. September 1939 begann mit dem deutschen Überfall auf Polen der Zweite Weltkrieg; nach dem japanischen Angriff auf Pearl Harbor traten 1941 die USA in den Krieg ein. 1943 wurde Eisenhower Oberbefehlshaber der Alliierten Streitkräfte in Europa, während in Los Alamos J. Robert Oppenheimer am sogenannten »Manhattan Project« arbeitete und damit die Entwicklung der US-Atombombe vorantrieb. 1944 wurde Franklin D. Roosevelt zum vierten Mal zum Präsidenten der Vereinigten Staaten gewählt. Langsam normalisierte sich das Leben im Land: Die Lebensmittelrationierungen wurden aufgehoben, und die Produktion von Konsumartikeln setzte wieder ein. Am D-Day, dem 6. Juni 1944, landeten die Alliierten in der Normandie; die Befreiung Frankreichs von den deutschen Besatzern begann. Am 8. Mai 1945 endete der Zweite Weltkrieg. Die amerikanische Wirtschaft war trotz bestehenden konjunkturellen Aufschwungs von einer 25%igen Inflation geprägt, was zu landesweiten Streikwellen führte. Am 26. Juni wurde die Charta der Vereinten Nationen verabschiedet. Im September kam es nach Zündung der Atombombe über Hiroshima und Nagasaki zur Kapitulation Japans. Während in Vietnam der erste Indochinakrieg begann, prägte Winston Churchill 1946 den Begriff vom »Eisernen Vorhang«. Ein Jahr später wurde die sogenannte »Truman Doctrine« festgesetzt, mit der der Kampf gegen den Kommunismus von US-amerikanischer Seite aus vehement betrieben wurde. Im selben Jahr entwickelte man den Marshall-Plan für wirtschaftliche Hilfe zugunsten der westeuropäischen Staaten. Ab 1948 setzte sich der Begriff des »Kalten Krieges« für den Konflikt zwischen den Ost- und Westmächten durch. 1949 wurde die NATO (»North Atlantic Treaty Organisation«) gegründet. Das August-Heft des *Life Magazine* präsentierte Jackson Pollock als bedeutendsten Künstler Amerikas und manifestierte damit den Abstrakten Expressionismus als vorherrschenden Kunststil. Ebenfalls 1949 veröffentlichte Arthur Miller seinen *Tod eines Handlungsreisenden*, während in Großbritannien *1984* von George Orwell erschien.

Jackson Pollock

In diesen turbulenten Zeiten des Umbruchs wurde Andy Warhol als dritter Sohn von Julia und Ondrej Warhola am 6. August 1928 in Pittsburgh geboren. »Ich komme nirgendwo her« (zit. n. BO, S. 13), diese Aussage zeigt, welche Haltung Warhol zu seiner Herkunft hatte. Seit seiner Zeit auf dem College hatte er immer Geschichten über seinen Werdegang erfunden, die dazu dienten, seine bescheidenen und im Grunde unspektakulären Familienverhältnisse aufzuwerten und interessanter zu machen. Man kann allerdings davon ausgehen, dass er das weniger tat, weil er sich für sein Elternhaus schämte, sondern vielmehr, weil er sehr früh erkannt hatte, welche Storys sich gut verkauften und den persönlichen Marktwert in die Höhe trieben. Diese Tendenz zur Selbstinszenierung behielt er sein ganzes Leben lang bei, ob er als junger Collegeabsolvent auf Jobsuche in New York unterwegs war oder als angesehener Künstler zum Trendsetter ganzer Generationen wurde.

Sein Vater, Ondrej Warhola, stammte wie seine Mutter Julia, geborene Zavacky, aus Miková, einem kleinen Ort in den Karpaten in der heutigen Slowakei an der Grenze zur Ukraine. Die sehr unterschiedlichen Elternteile, der rationale, ehrgeizige Vater und die künstlerisch veranlagte Mutter, repräsentierten ihre jeweiligen Familien in geradezu klassischer Weise und prägten den Charakter Warhols: »Von den Warholas hatte Andy seinen unermüdlichen Elan, seine Enthaltsamkeit, Aggressivität und Knickrigkeit. Von den Zavackys stammte die Rührseligkeit und der Wunsch, eine Rolle zu spielen, sein Glaube an Schicksal und Magie, seine Faszination von Tod und Unglück und die Gabe, alles zu mythologisieren, was ihm widerfuhr.« (BO, S. 23) Beiden Eltern gemeinsam war jedoch, dass sie der ruthenischen Glaubensgemeinschaft angehörten, die der russisch-orthodoxen Kirche nahestand. Auch später, in Pittsburgh, waren die Warholas fest in die ruthenische Glaubensgemeinde integriert. John Warhola beschreibt den Einfluss der Religion auf seinen jüngeren Bruder Andrew folgendermaßen: »Ich glaube, die Religion war prägend für seinen Charakter. Wir wurden in dem Glauben erzogen, dass man niemandem schaden dürfe und wir versuchen sollten, alles richtig zu machen. Das Ziel war, all unser Können und unsere geistigen Fähigkeiten auszubilden, weil wir nur eine kurze Zeit auf Erden sein würden und sämtliche materiellen Dinge ohnehin nicht mitnehmen könnten.« (zit. n. Bockris 1997, S. 17, Übersetzung d. V.)

Religiöse Wurzeln

1913 machte sich Ondrej auf nach Pittsburgh, wo er schon vor der Ehe einige Zeit gelebt und gearbeitet hatte. Angeblich schickte er seiner Frau fünfmal Geld für die Überfahrt nach Pittsburgh, aber erst 1921 lieh sich Julia die nötige Summe von ihrem Priester und reiste zu ihrem Mann in die USA. Ein Jahr später wurde dann in Pittsburgh ihr erster gemeinsamer Sohn

Paul geboren. 1925 und 1928 folgten die Söhne John und Andrew.
Pittsburgh war in den zwanziger Jahren mit ca. 600 000 Einwohnern die sechstgrößte Metropole des Landes, eine Stadt, die von der Stahl- und Kohleindustrie geprägt war, in der aber auch mehr ausländische Zeitungen und Zeitschriften auf dem Markt waren als irgendwo sonst in den USA zu dieser Zeit. Trotz ihres multikulturellen Charakters, der auf die zahlreichen Einwanderer zurückzuführen ist, war Pittsburgh keine Schönheit. Die ohne Unterlass arbeitenden Stahlöfen tauchten den nächtlichen Himmel in eigenartige Rot- und Rosatöne, die Andy Warhol, glaubt man seinem Biographen Victor Bockris, zeit seines Lebens sehr mochte. Der von Warhol selbst ins Leben gerufenen Legende nach waren seine ersten Worte, als Reaktion auf die ewig von Smog geschwängerte Luft seiner Heimatstadt: »Schau, die Sonnenstrahlen! Schau, die Sonne! Schau, das Licht!« (zit. n. BO, S. 17) Dennoch war sein Verhältnis zu ihr gespannt; er hat sie später als den »schrecklichsten Ort, wo ich je im Leben war« (zit. n. BO, S. 19) beschrieben. In jedem Fall war Pittsburgh damals eine Stadt dramatischer Kontraste, in der Reichtum und Armut dicht beieinanderlagen, Gegensätze, die in Warhols Leben immer ein Thema blieben.

> »Hier war das Herz der Industrienation Amerika, das Zentrum emsiger, lukrativer Geschäftigkeit, das Paradestück der reichsten und größten Nation aller Zeiten, und hier war eine so schreckliche, trostlose und häßliche Szenerie, daß sie das ganze Streben der Menschheit wie einen makaberen Witz erscheinen ließ.« (Der amerikanische Journalist H. L. Mencken über Pittsburgh; zit. n. BO, S. 17)

Die arme Einwandererfamilie Warhola lebte zunächst im Pittsburgher Soho, einem eher heruntergekommenen Stadtteil, wo Andrew geboren wurde. Im Geburtsjahr seines jüngsten Sohnes verlor der Vater, wie so viele andere damals, seine Arbeit bei einer Baufirma. Mit vereinten Kräften und diversen Gelegenheitsjobs gelang es der gesamten Familie, den Lebensunterhalt zu sichern. Unter den Söhnen entbrannte ein

wahrer Wettstreit, denn wer das meiste Geld verdiente, konnte sich der Zuneigung der Mutter sicher sein. Julia selbst nutzte u. a. ihr kreatives Potential, um die Finanzen aufzubessern. Legendär sind ihre Blumen aus Weißblech, die sie selbst aus Dosen ausstanzte und für 25 bis 50 Cents verkaufte. 50 Jahre später soll Warhol über diese Blumen gesagt haben: »Weil sie Blechblumen aus diesen Obstbüchsen machte, habe ich später meine ersten Bilder von Konservendosen gemalt. Man nimmt eine Weißblechbüchse, je größer, desto besser, wie die Familiendose mit Pfirsichhälften, und ich glaube, dann schneidet man mit der Schere drauflos. Meine Mutter hatte immer massenhaft Büchsen rumstehen, darunter auch die Suppendosen. Sie war eine wunderbare Frau und eine wirklich gute und genaue Künstlerin, wie die Primitiven.« (zit. n. BO, S. 20)
Erst nachdem Ondrej Warhola 1932 erneut einen Job in seiner alten Baufirma erhalten hatte, zog die Familie mit Hilfe eines Kredits in den wesentlich besseren Stadtteil Oakland. Dort verbrachte Andy Warhol seine restliche Kindheit und Jugend, und dort erlebte er auch seinen katastrophalen ersten Schultag. Paul, der den häufig abwesenden Vater als Familienoberhaupt vertrat, hatte seinen vierjährigen Bruder Andrew zur Schule geschickt. Für den kleinen Jungen, der von einem älteren schwarzen Mädchen geohrfeigt wurde, verlief der Tag desaströs und endete in einem wahren Heulkrampf. Seine Mutter entschied daher, dass Andy weiterhin zu Hause bleiben durfte. Er wurde dann 1934 direkt in die zweite Klasse der Holmes Elementary School eingeschult, da man den einzelnen Schultag versehentlich als komplettes Schuljahr anrechnete. Dies ist umso bemerkenswerter, als Andrew erst in der Schule Amerikanisch lernte. Seine Mutter weigerte sich nämlich ihr ganzes Leben, die fremde Sprache zu sprechen. Obwohl Andys Vater recht gut Amerikanisch konnte, wurde deshalb im Hause Warhola ausschließlich auf »Po Nasemu«, eine Mischung aus Ungarisch und Ukrainisch, kommuniziert. Trotz seiner Sprachschwie-

Andy Warhol mit seinen Brüdern John und Paul, seiner Mutter Julia, der Tante Mary und seinen Neffen vor dem Haus in der Dawson Street im Stadtteil Oakland, 1948

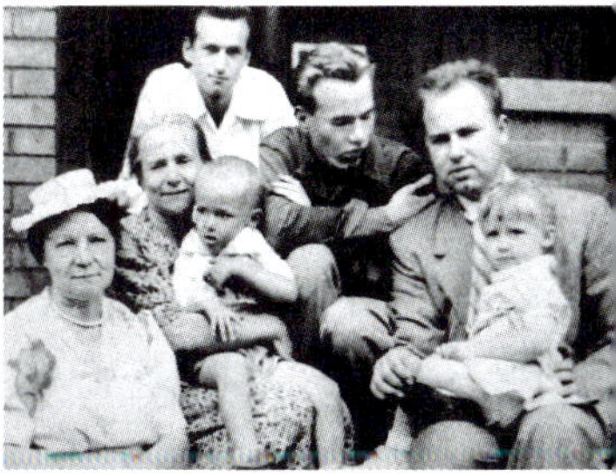

rigkeiten absolvierte Andy sein erstes reguläres Schuljahr souverän und erhielt schließlich den lange ersehnten Filmprojektor, den seine Mutter mühsam zusammengespart hatte. Nach den Trickfilmen, die er nun andauernd sah, begann er zu zeichnen und erste Bilder zu malen.

»Das Geld war knapp, und Andy wollte Dinge haben, die wir uns einfach nicht leisten konnten. So wünschte er sich zum Beispiel als Siebenjähriger einen Filmprojektor. Wir konnten uns nicht die Leinwand kaufen, aber man konnte die Bilder auch auf der Wand zeigen. Natürlich nur schwarzweiß. Er schaute Mickey Mouse an oder Little Orphan Annie, kriegte neue Ideen und zeichnete dann eine ganze Menge. Meine Mutter kaufte das, ohne daß mein Vater was davon wußte.« (John Warhola über seinen Bruder Andy; zit. n. BO, S. 33)

Krankheit Mit acht Jahren erkrankte Andy an Chorea, einer Form von Gelenkrheumatismus, die im Volksmund Veitstanz genannt wird. Dazu kam eine seltene, unheilbare Art der Pigmentstörung, die dazu führte, dass man ihn immer wieder für einen Albino hielt. Acht Wochen musste er das Bett hüten und wurde zur Unterhaltung von seiner Mutter mit Filmzeitschriften, Comic-Heften und Malbüchern versorgt. In dieser Zeit legte er mit dem Autogramm des Kinderstars Shirley Temple den Grundstock für seine Sammlung, die er jahrelang erweiterte. Aus der Kindheit stammte auch Warhols Leidenschaft für das Kino. Für elf Cent, die des Öfteren schwer für ihn zu beschaffen waren, ging er zusammen mit seiner Freundin Margie Girman jeden Samstagvormittag ins Kino; neben der Eintrittskarte gab es für beide Kinder jeweils ein Eis und beim Verlassen des Kinos das signierte Hochglanzbild einer Filmgröße. Warhol sammelte diese Bilder und benutzte sie 20 Jahre später in seinen Drucken der Kinostars. Die Filme zeigten ihm eine andere, eine fantastische Welt, die viel schöner war als seine alltägliche. Ebenso verhielt es sich mit der Welt der Kunst, die sich ab 1937 für Warhol mit dem Besuch kostenloser Kunstkurse im Carnegie Museum eröffnete. Ultra Violet, mit der er eng befreundet war und die in der Zeit der Factory eine seiner ›Musen‹ war, beschrieb dies so: »Die Kurse waren für Andy besonders wichtig, weil sie ihm die erste Chance boten, Kinder aus anderen Gesellschaftsschichten kennenzulernen und zu beobachten, wie sich die Reichen kleideten und benahmen […]. Der Kunstunterricht öffnete für Andy ein Guckloch in die Welt der Reichen und Privilegierten. Er vergaß nie mehr, was er dort sah.« (zit. n. BO, S. 48)

Alles ist Kunst

Von seinem Lehrer Joseph Fitzpatrick lernte er u. a., dass Kunst eine Lebensform ist und »das einzige Thema eines jeden Tages – vom Moment an, wo ihr morgens die Augen öffnet, bis nachts, wenn ihr sie wieder schließt. Alles, was ihr anschaut, ist Kunst oder Mangel an Kunst.« (zit. n. BO, S. 47)

»Ich kannte keinen, der talentierter war als Andy Warhol. Als Person wenig attraktiv oder angenehm. Er nahm kaum Rücksicht auf andere, war das Gegenteil von liebenswürdig. Zu jener Zeit war er sehr unbeholfen im Umgang mit anderen Menschen und wirkte oft schroff. Vielleicht lag das an seinem fehlenden gesellschaftlichen Hintergrund, vielleicht gab er sich bewußt so unnahbar, um das zu verdecken. Auf jeden Fall schien er von Anfang an ein Ziel zu verfolgen.« (Joseph Fitzpatrick, Warhols Kunstlehrer, über seinen Schüler; zit. n. BO, S. 48)

Inwieweit diese Haltung den Werdegang Warhols beeinflusst hat, lässt sich schwer ermessen; auf jeden Fall entwickelte sich sein weiteres Leben, als hätte er dieses Zitat verinnerlicht und zu seiner Lebensmaxime gemacht.

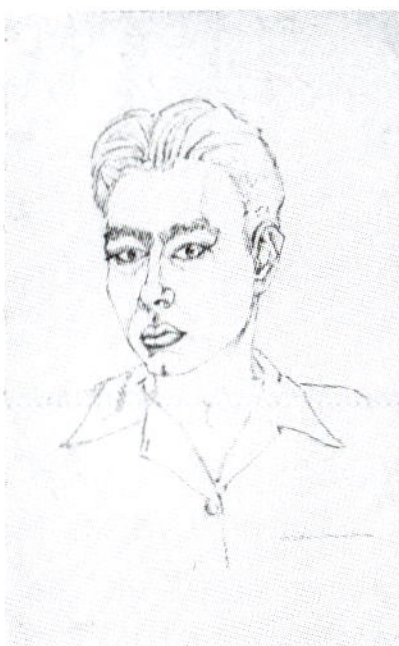

Erstes Selbstporträt, das in der Linienführung an Warhols künstlerisches Idol Henri Matisse erinnert, 1942

Nach der ersten übersprang er auch noch die fünfte Klasse und besuchte vom September 1941 bis zum Frühjahr 1945 die Schenley High School. Aus dieser Zeit stammt sein erstes Selbstporträt, das ihn mit seiner charakteristischen Nase, den wulstigen Lippen und buschigen Augenbrauen zeigt. Auffällig ist hier, wie auch bei den weiteren Porträts, die sehr sparsame und einfache Strichführung, die seine Arbeiten in die Nähe seines großen Idols Henri Matisse rückt.

Ein Jahr nach dem Wechsel an die High School starb sein

Vater. Dieser Todesfall traf Andy schwer; besonders die Leichenaufbahrung im Wohnhaus der Warholas war für ihn eine Katastrophe, wie sich sein Bruder Paul erinnerte: »Er wollte Dad nicht sehen. Als die Leiche ins Haus gebracht wurde, hatte Andy solche Angst, daß er sich unter dem Bett versteckte. Wir zwangen ihn zu nichts, weil wir nicht wollten, daß er einen Rückfall hat. Dann fing er zu weinen an und bat Mutter, ihn bei Tinka in Tante Marys Haus schlafen zu lassen [...].« (zit. n. BO, S. 42) Warhols Unfähigkeit, mit dem Tod umzugehen, wird ihn sein Leben lang begleiten – und auch dafür sorgen, dass er Jahre später den Tod seiner Mutter überhaupt nicht thematisierte und ihn selbst vor engen Mitarbeitern monatelang verheimlichte.

Nach dem Tod des Vaters

Einer der letzten Wünsche des Vaters war es, dass sein Sohn John sich um die Finanzen der Familie kümmern und dafür sorgen solle, dass Andy die bestmögliche Ausbildung erhielt. Dies gelang John, selbst in den schweren Zeiten, als der älteste Bruder Paul bei der Marine war und dessen schwangere Frau bei den Warholas lebte und auch als Julia Warhola 1944 an Dickdarmkrebs erkrankte, der aber erfolgreich operiert wurde. John sorgte dafür, dass Andy im Herbst 1945 ein Studium am Carnegie Institute of Technology mit dem Hauptfach »pictorial design« beginnen konnte.

Trotz seines zeichnerischen Talents gestaltete sich die Studienzeit am Anfang schwierig – und es gab Lehrer, wie z. B. Robert Lepper, die von seinen Fähigkeiten zunächst überhaupt nicht überzeugt waren: »Wenn mich damals jemand gefragt hätte, wem ich am wenigsten Erfolgschancen gäbe, hätte ich gesagt: Andy Warhola«, erinnerte sich Lepper später (zit. n. BO, S. 56). Die Kunstabteilung des Carnegie Institute war nach dem Vorbild des Bauhauses strukturiert, d. h. die Studenten mussten auch philosophische Pflichtseminare belegen, mit denen Warhol sich alles andere als leichttat. Ins zweite Studienjahr wurde er erst versetzt, als er zusätzliche Zeichnungen ablieferte, die er in den Sommerferien angefertigt hatte. Er hatte seinen Bruder John begleitet, der auf der Stra-

»Andy spaltete regelmäßig die Fakultät. Manche Lehrer fanden, daß er überhaupt nicht zeichnen konnte, andere erkannten sofort sein Talent.« (Robert Lepper, Lehrer am Carnegie Institute of Technology; zit. n. BO, S. 59)

ße Obst und Gemüse verkaufte. Während John mit den Kunden verhandelte, zeichnete Andy Porträts von den müden, abgearbeiteten Menschen. Für diese Zeichnungen wurde er, der sich zu dieser Zeit auch André nannte, 1947 mit dem »John L. Porter Prize for Progress« ausgezeichnet, was ihm das erste Honorar für seine Kunst einbrachte: 40 Dollar Preisgeld.

Um die finanzielle Lage seiner Familie aufzubessern, gab Warhol Zeichenkurse und arbeitete in den Semesterferien im Pittsburgher Joseph-Horne-Kaufhaus als Schaufensterdekorateur. Dort lernte er einige exaltierte Homosexuelle kennen, die ihn sehr faszinierten und vielleicht dafür sorgten, dass er schon früh den Mut fand, sich optisch zu exponieren.

Jedenfalls begann zu dieser Zeit seine Selbstinszenierung. Er trug fast immer dunkle Rollkragenpullover, die seine blasse Gesichtshaut und die markante rote Nase sehr betonten, so dass er den Spitznamen »Andy, the rednosed Warhola« bekam.

In die Zeit seines zweiten Studienjahres fiel auch seine Begeisterung für Modernen Tanz und Ballett; seine Bewunderung galt zu dieser Zeit besonders José Limon und Martha Graham. Warhol war von der neu entdeckten Ausdrucksform so fasziniert, dass er als einziger männlicher Teilnehmer entsprechende Tanzkurse besuchte. Damit zeichnete sich bereits ein Phänomen ab, das auch sein späteres Tun immer wieder bestimmte, nämlich die unmittelbare Nähe von mutigem Aus-sich-Herausgehen und ängstlicher Zurückhaltung. Der schweigsame Warhol, der auf Partys selten tanzte, war couragiert genug, als einziger Mann und ohne herausragendes Talent Tanzkurse zu absolvieren; der schüchterne Warhol, der seinem Gegenüber selten etwas von seinen inneren Beweggründen verriet, vertraute seinen Gesprächspartnern am Telefon ungewöhnliche Details an; Warhol, der allzu Privates über seine Person vor der Öffentlichkeit zu verbergen wusste, hatte Umgang mit zahlreichen Prominenten und wurde zur Furie, wenn die Dinge nicht nach seinen Wünschen liefen. Und der mäßig

Mensch der Gegensätze

> »Andy war eine verrückte Mischung aus sechsjährigem Kind und voll ausgebildetem Künstler. Er spielte beides ohne Scheu aus.« (Jack Wilson, Kommilitone; alle zit. n. BO, S. 63)

attraktive, äußerlich farblose Mann wurde zur Kultfigur des Pop und zum optischen Vorbild ganzer Generationen.

Künstlerisch prägend wurden für Warhol vor allem die Seminare bei Professor Robert Lepper, bei dem die Studenten sowohl individuelles als auch gesellschaftliches Verhalten genau zu studieren und in einem einzelnen Objekt zeichnerisch zu veranschaulichen hatten. Das war eine Übung, die Warhols Werk beeinflussen sollte und die spätere Arbeiten wie z. B. die Dollarnoten oder die Campbell's-Suppendosen erst möglich machte. Zunächst jedoch arbeitete er 1948 als Bildredakteur für die Studentenzeitschrift *Cano* und verwandte in seinen Beiträgen die »blotted line«, eine improvisiert wirkende Drucktechnik, die später, in New York, sein Markenzeichen als Werbegrafiker wurde. Dorthin unternahm Warhol gemeinsam mit seinem Freund Philip Pearlstein zwei Reisen, 1947 und 1948, denn nur in New York konnte seiner Meinung nach seine Zukunft liegen. Tina Fredericks, Redakteurin der Zeitschrift *Glamour*, sicherte ihm nach Sichtung seiner Zeichnungen eine freie Mitarbeit zu. Bei seinem zweiten Aufenthalt sprach man in der Stadt allenthalben von Truman Capotes eben erschienenem Romandebüt *Andere Stimmen, andere Räume*, und Warhol gelang es tatsächlich, ein Foto von Capote zu ergattern, das zu seiner privaten Ikone wurde.

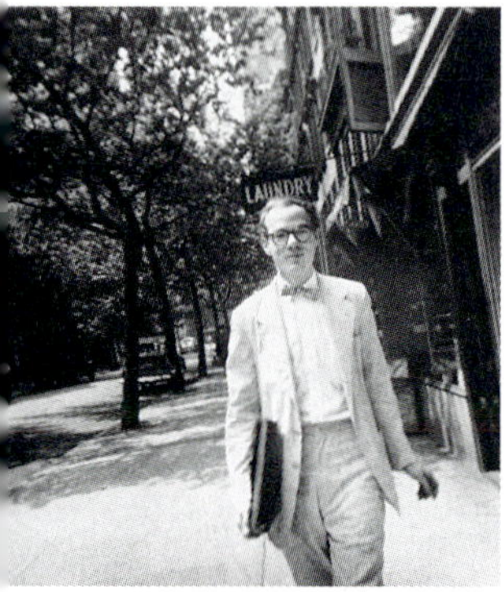

Ein Dandy in New York, 1950

Truman Capote

In Truman Capote fand der junge Student ein Vorbild, das ihn viele Jahre seines Lebens begleitete, denn als Warhol nach New York kam, hatte Capote bereits das erreicht, was der spätere Pop-Art-Künstler noch vor sich hatte: Er war jung, erfolgreich, dinierte mit illustren Gästen wie z. B. Greta Garbo und Cecil Beaton, hatte Geld, war berühmt und beliebt, attraktiv und begehrt – der lebende Beweis dafür, dass das Leben auch ganz anders sein konnte, als es der Arbeitersohn aus Pittsburgh kannte. Diesem Vorbild galt es nachzueifern. So ist es auch nur folgerichtig, dass Warhol 1952 in seiner ersten Einzelausstellung diejenigen Zeichnungen zeigte, die er nach den Schriften Capotes angefertigt hatte. Nach anfänglicher Ablehnung waren Warhols Bemühungen, den Autor als Freund zu gewinnen, erfolgreich – die Freundschaft hielt bis zu Capotes Tod im Jahr 1984.

Nach Pittsburgh zurückgekehrt, provozierte Warhol 1949 seinen ersten kleinen Kunstskandal: Sein für die jährliche Ausstellung der »Associated Artists of Pittsburgh« eingereichtes Bild mit dem Titel *The Broad Gave Me My Face, But I Can Pick My Own Nose* wurde als anstößig und moralisch fragwürdig abgelehnt. Obwohl George Grosz, einer der Juroren, das Bild lobte, wurde es zunächst nicht ausgestellt, sondern erst in einer zweiten Ausstellung gezeigt; dort erwies es sich allerdings als Publikumsmagnet. Am 16. Juni 1949 beendete Andy Warhola sein Studium mit dem »Bachelor of Fine Arts« und stand dann vor dem großen Problem, was er nun tun und wie er Geld verdienen sollte. New York, davon war Warhol überzeugt, war die Antwort auf diese Fragen.

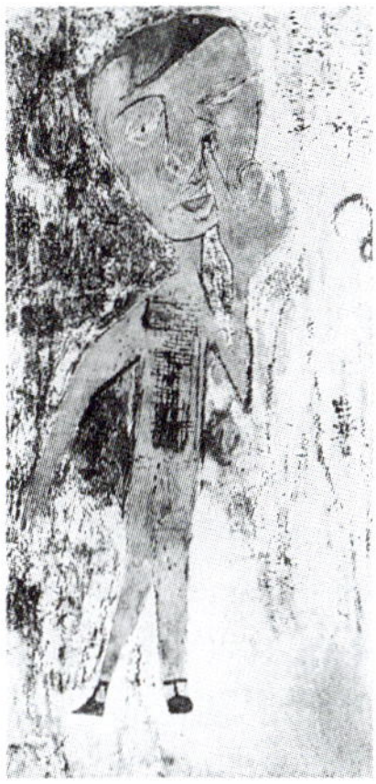

Das Bild *The Broad Gave Me My Face, But I Can Pick My Own Nose* von 1948/49 sorgte für Warhols ersten Kunstskandal in seiner Heimatstadt Pittsburgh.

Ökonomischer Aufschwung: Werbegrafiker in der wichtigsten Stadt der Welt (1949-1960)

Land unbegrenzter Möglichkeiten II

Durch den Koreakrieg erhöhte sich die Inflationsrate immer mehr, dennoch hielt der konjunkturelle Aufschwung an. 1950 hatten bereits elf Prozent aller US-amerikanischen Haushalte – so auch Andy Warhol – ein Fernsehgerät. Die Welt der Werbung und der visuellen Wahrnehmung veränderte sich ab 1954 durch die Entwicklung des Farbfernsehens. Das Realeinkommen der US-Amerikaner stieg bis 1970 um 80%; der Babyboom begann. Auf Initiative von Senator Joseph R. McCarthy, Namensgeber des »McCarthyism«, wurde in den Vereinigten Staaten eine Registrierung aller Kommunisten und kommunistischen Organisationen veranlasst. Im Verlauf der sogenannten »Hexenjagd« kam es zu zahlreichen Anhörungen vor dem »House Un-American Activities Committee«. 1951 führten die USA ihren ersten Wasserstoffbombentest durch. Der ein Jahr später in der Wüste Nevadas vorgenommene Atombombentest wurde live im Fernsehen übertragen. Bei der Biennale in Venedig vertraten die Künstler Willem de Kooning, Arshile Gorky und Jackson Pollock ihr Land. Der Begriff des »Action Painting« wurde geprägt und trug der künstlerischen Vormachtstellung der USA gegenüber Europa Rechnung. Das 1933 gegründete Black Mountain College gewann zunehmend an Bedeutung und erweiterte sein Spektrum entscheidend um die Bereiche Tanz (Merce Cunningham) und Musik (John Cage). In New York konnte man erste Ausstellungen von Robert Rauschenberg und Roy Lichtenstein sehen. 1952 entwickelte Charles Ginzburg einen Vorläufer des Videorecorders.

1953 endete der Koreakrieg; ein Jahr später kam es zur Teilung Vietnams, wobei sich die USA als Schutzmacht für den südlichen Landesteil gerierten. An amerikanischen Schulen hob man 1954 die Rassentrennung auf. 1956 wurde der Busboykott von Montgomery, ausgelöst durch Rosa Parks, eine schwarze Schneiderin, die ihren Busplatz nicht für einen weißen Fahrgast räumen wollte, beendet. 1958 schließlich erschien das programmatische Buch von Martin Luther King *Stride Toward Freedom*.

Die Sowjetunion schoss 1957 Sputnik I und II in den Weltraum und war den Amerikanern, die 1958 mit Explorer I nachzogen, in diesen Regionen vermeintlich überlegen. Ein Jahr später kam es zwischen Nixon und Chruschtschow zur legendären »kitchen debate«.

1954 entstand Jasper Johns erste *Flag*. 1955 starb James Dean bei einem Autounfall, ein Jahr später Jackson Pollock. 1957 wurde in New York die Leo Castelli Gallery eröffnet, in den späten Fünfzigern und Sechzigern der zentrale Ausstellungsort für zeitgenössische Kunst. 1956 wurde in Großbritannien mit der Ausstellung des Bildes *Just What Is It That Makes Today's Homes So Different, So Appealing?* von Richard Hamilton der Grundstock für die Pop Art gelegt – dort war nämlich erstmalig das Wort »Pop« auf einem Kunstwerk zu lesen. Ihren Namen bekam die Bewegung dann 1958 durch Lawrence Alloway, der in einem Artikel über die neue Kunstrich-

Geburt der Pop Art

tung von »Pop Art« sprach. Ende 1959 hatten sich Happenings als Kunstform weltweit durchgesetzt, und in New York wurde das Solomon R. Guggenheim Museum von Frank Lloyd Wright eröffnet.

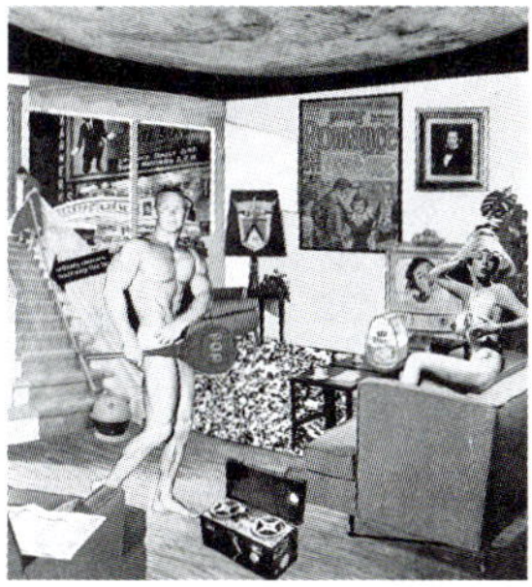

Richard Hamilton: *Just What Is It That Makes Today's Homes So Different, So Appealing?*, 1956 – das Bild, auf dem erstmals das Wort »Pop« zu lesen ist

In der boomenden Kunst- und Kulturmetropole New York bezog Andy Warhol im Sommer 1949 zusammen mit seinem langjährigen Freund Philip Pearlstein eine Wohnung am St. Mark's Place in Manhattan. Bereits im September wurden sie Untermieter der Tanztherapeutin Francesca Boas in einer Fabriketage in der 21st Street. Warhol machte mit seinen Zeichnungen bei allen Redaktionen der wichtigen Hochglanzmagazine die Runde und erhielt von der Zeitschrift *Glamour*, wie von der Art-Direktorin Tina Fredericks ein Jahr zuvor versprochen, seinen ersten Auftrag. Er illustrierte die Titelgeschichte des Septemberheftes zum Thema »Success Is a Job in New York«. In der Bildunterschrift erschien er als Andy Warhol. Der Legende nach handelte es sich um einen Rechtschreibfehler, der das offizielle Ende von Andrew Warhola bedeutete. Mit der Namensänderung war ein zentraler Schritt aus Pittsburgh heraus und hin zum Ruhm getan. Es folgten weitere Publikationen von Grafiken in Magazinen wie *Vogue*, *Seventeen* und *Harper's Bazaar*. Das Image, mit dem der ehrgeizige junge Mann seine Aufträge ergatterte, war klug gewählt: In zerknitterten Baumwollhosen, Rollkragenpullover und schäbigen Turnschuhen trug er seine bald sehr begehrten Zeichnungen, verstaut in einer schlichten Papiertüte, zu Markte. Er stilisierte sich zu dieser Zeit als armer,

Geburt Andy Warhols

»Neulich habe ich versucht darüber nachzudenken, was man heutzutage in Amerika macht, wenn man Erfolg haben will. Früher war man abhängig und hat einen guten Anzug getragen. Wenn ich mich heute umsehe, glaube ich, daß man genau das Gleiche machen muß, außer einen guten Anzug tragen. Ich glaube, das ist alles. Reich denken. Arm aussehen.« (Andy Warhol; PH, S. 101 f.)

bedürftiger Künstler, appellierte erfolgreich an das Mitleid der reichen und etablierten Auftraggeber, belieferte sie aber auch gleichzeitig pünktlich und zu ihrer vollen Zufriedenheit mit den gewünschten Zeichnungen. »Raggedy Andy«, der »zerlumpte Andy«, wie ihn seine Freunde nannten, hatte zwei Gesetze der Konsumwelt bereits früh verinnerlicht: 1. Nur das Außergewöhnliche beeindruckt, 2. Leistung wird bezahlt. Und er sorgte dafür, dass seine Leistungen nicht nur zunehmend gewollt, sondern auch immer besser bezahlt wurden. Die Art-Direktoren waren dabei von der Beharrlichkeit des jungen Mannes, der oft stundenlang in ihren Vorzimmern wartete, ebenso wie von seiner Begeisterung für seine Arbeit beeindruckt. Angeblich hat Andy Warhol nie einen Auftrag abgelehnt. Keine Zeichnung war ihm zu viel, kein Thema zu banal – er erledigte jede Aufgabe, schnell und unkompliziert, ob als Grafiker, Schaufensterdekorateur oder Buchillustrator. Dem Gebiet der Buchillustration hatte er sich 1951 zugewandt; er entwarf zahlreiche Buchumschläge und zeichnete für die NBC die Wetterkarte, während man in den morgendlichen Fernsehnachrichten seiner Hand dabei zusehen konnte, wie sie die Umrisse der Vereinigten Staaten von Amerika skizzierte. Sein Freund Pearlstein beschrieb ihn rückblickend so: »[...] ein Workaholic, der den ganzen Tag über und oft bis in die Nacht hinein arbeitete. Er fertigte meistens mehrere Versionen an und brachte sie dann den Redakteuren, die darüber natürlich begeistert waren [...] er war nicht der üble Typ, den die Leute später aus ihm machen wollten. Sein Talent ist es, was viel mehr Achtung verdient.« (zit. n. BO, S. 83) Dieses Talent setzte sich schon bald durch und veränderte die amerikanische Kunstlandschaft, die damals vom abstrakten Expressionismus und dem Action Painting bestimmt war. Im Untergrund bzw. in der Off-Szene etablierte sich währenddessen die Beat Generation. Durch einen erneuten Wohnungswechsel landete Warhol schließlich in einer Wohngemeinschaft mit Tänzern, Schauspielern und Schriftstellern und besuchte regelmäßig das Künstlercafé Serendipity. Dort fand er langsam Zugang zur Off-Kunst-Szene und erlebte erstmals eine Daseinsform, die er später ganz ähnlich in seiner Factory wieder aufleben ließ.

Workaholic in vielen Medien

Am 13. September 1951 erschien in der *New York Times* eine ganzseitige Zeichnung Warhols mit dem Titel *The Nation's Nightmare*. Zu sehen ist ein kniender junger Matrose, der sich gerade eine Spritze Heroin setzt. Die Zeichnung wurde viel beachtet, so gut bezahlt wie nichts zuvor – und sie zeigt, dass der Künstler durchaus auch die Schattenseiten der Gesellschaft sah. Für seine erfolgreiche Arbeit als Werbegrafiker wurde er 1952 mit der »Art Director's Club Medal« ausgezeichnet, dem Nobelpreis der Branche.

Nobelpreis der Werbegrafik

Erfolgreich war Andy Warhol aber nicht nur auf dem Gebiet der Werbung. 1952 hatte er in der Hugo Gallery unter dem Titel »Andy Warhol – Fifteen Drawings Based on the Writing of Truman Capote« seine erste Einzelausstellung. Gezeigt wurden seine Illustrationen zu Büchern Capotes. Im darauffolgenden Jahr veröffentlichte er einige Präsentationsbücher, monothematische Sammlungen von Kunstdrucken, die als Werbegeschenke für potentielle Kunden und Art-Direktoren der wichtigen Zeitschriften gedacht waren. Diese ungewöhnliche Idee der Selbstvermarktung erwies sich als vorteilhaft, und Warhols Auftragsvolumen expandierte kontinuierlich.

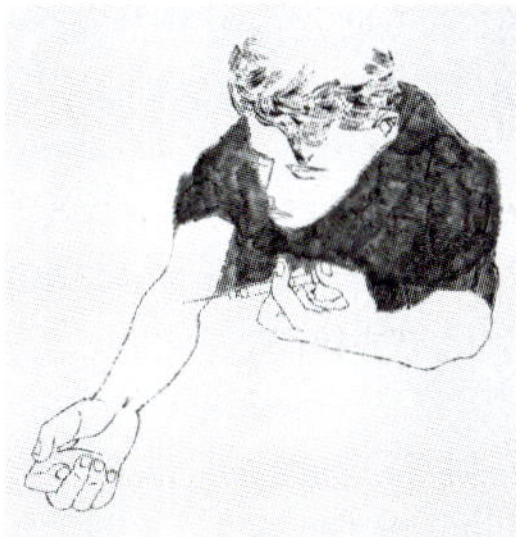

Eine sozialkritische Arbeit? – 1951 erschien in der *New York Times The Nation's Nightmare.*

Präsentationsbücher, vgl. S. 73 ff.

1956 stellte er mehrmals aus, zunächst im Februar und März unter dem Titel »Drawings for a Boy-Book by Andy Warhol« und dann im Dezember im Café Serendipity »In the Bottom of My Garden« und zeitgleich »Andy Warhol: The Golden Slipper Show or Shoes Shoe in America« in der Bodley Gallery in New York. Ein Jahr später folgte »A Show of Golden Pictures by Andy Warhol«. Im *Life Magazine* wurde diese Ausstellung kritisch und spöttisch zugleich beurteilt. Auch wenn Warhol sein großes Ziel, ein bedeutender Künstler zu sein, mit diesen Anstrengungen noch nicht erreicht hatte, stieg doch trotz mäßiger Besprechungen mit jeder Ausstellung und jeder Kritik sein Bekanntheitsgrad. Im Privaten hielt er sich allerdings mit persönlichen Kontakten sehr zurück und blieb seiner Rolle als Voyeur lange treu; er beobachtete die Menschen, ohne sich wirklich auf sie einzulassen.

»Von Liebe träumen ist viel besser als Liebe in Wirklichkeit. Es nicht machen ist sehr erregend. Die erregendste Anziehungskraft besteht zwischen Gegensätzen, die nie zusammenkommen.« (Andy Warhol; PH, S. 43)

Durch seine Mitbewohner in der 74 West 103rd Street, in die er 1950 gezogen war, hatte er Einblick in die Schwulenszene, bekannte sich aber erst später zu seiner persönlichen sexuellen Neigung. Seine Mitbewohner und Freunde von damals beschrieben ihn als »skurril, entrückt, süß und bezaubernd – aber schrecklich schüchtern. Er brachte den Leuten um ihn herum gegenüber kaum mehr als ein geflüstertes ›Hi!‹ über die Lippen, auch wenn er stundenlang in irgendeinem Appartement saß und wie ein Roboter zeichnete, während alle anderen sich unterhielten […] er war ein schweigsamer, gänzlich nonverbaler junger Mann.« (BO, S. 86)

Als Warhol die Wohngemeinschaft verlassen musste, weil das Haus abgerissen werden sollte, zog er zu seinem ehemaligen Kommilitonen Joseph Groell in die 24th East Street. Da Groell jedoch für einige Monate nach Pittsburgh zurückkehrte, war sein Mitbewohner erstmalig gezwungen, allein zu leben. In dieser Zeit entdeckte er das Telefon als zuverlässigen ›Freund‹, der ihm über schwierige Stunden hinweghelfen konnte und gleichzeitig ein Medium zur Übermittlung pikanter Geschichten darstellte. So ließ er sich beispielsweise von seinem Freund George Klauber alle Details von dessen Liebesbeziehungen am Telefon schildern und kompensierte so vermutlich seine Unfähigkeit, selbst sexuell aktiv zu werden. Auch wenn er immer wieder erotische Gefühle für seine Assistenten oder Freunde hegte, scheint es damals nur selten zu intimen Kontakten gekommen zu sein. Welche Gründe es dafür auch immer gegeben haben mag, Warhol entwickelte gute Abwehrmechanismen gegen zu große Nähe und schob immer wieder den Skizzenblock wie ein Schutzschild zwischen sich und andere Menschen. Deutlich wird dies an einer Szene, die Perry Davis erinnert: »Es waren schon ziemlich viele Studenten da, als Andy hereinkam und sagte:

»Ich kann am Alleinsein nichts Schlimmes finden. Ich finde es sogar bestens.« (Andy Warhol; PH, S. 44)

›Okay, alle sollen ihre Sachen ausziehen, ich hab meinen Skizzenblock mitgebracht.‹« (zit. n. BO, S. 94 f.) Seine erste unglücklich verlaufene, weil unerwiderte Liebe kompensierte Warhol, indem er mit dem Objekt seiner Begierde, dem Autor Ralph Ward (Corkie), zusammen eine Reihe von Büchern machte. So konnte er ihm nahe sein, ohne dass sie eine wirkliche sexuelle Bindung eingingen.

Es war für Warhol aus mehreren Gründen schwer, sich zu seiner Homosexualität zu bekennen bzw. sie auszuleben. Anfang der fünfziger Jahre agierte die New Yorker Schwulenszene noch im Untergrund. Die Toleranzgrenze bei den offiziellen Stellen wie bei den ›normalen‹ Mitmenschen war sehr niedrig. Homosexualität war damals in den USA verboten, und man musste befürchten, verprügelt oder von der Polizei behelligt zu werden, wenn man sich zu seiner Neigung öffentlich bekannte. Dazu kam, dass Warhol, was sein Äußeres betraf, aufgrund seiner Haut- und Haarprobleme ein nicht allzu stark ausgeprägtes Selbstbewusstsein besaß. Und überdies hatte er ein ernsthaftes Problem mit körperlichen Kontakten; nichts konnte er weniger ertragen, als angefasst zu werden. Daher war es für ihn oft befriedigender, sich mit den sexuellen Erlebnissen anderer zu beschäftigen. Homosexualität

Erschwert wurde die Situation 1952, als Warhols Mutter nach New York kam. Julia Warhola hatte das Gefühl, sie müsse sich nun, da die beiden anderen Söhne verheiratet waren, um ihren Jüngsten kümmern. Bis dahin hatte er ihr jeden Tag eine Postkarte mit folgendem Text geschrieben: »Mir geht es gut. Morgen schreibe ich Dir wieder.« Diese Karten sollten sich für den Rest seines Lebens erübrigen, da er die nächsten 20 Jahre mit seiner Mutter zusammenlebte – mit ihr und zahlreichen Katzen, denn als er und Julia auf die Ostseite Manhattans (Ecke 75th Street und 3rd Avenue) zogen, gab es in der Wohnung Mäuse. Um diese zu bekämpfen, schaffte sich Warhol ein Katzenpärchen an, das sich prächtig vermehrte; alle Katzen hießen nach ihrem Vater schlicht Sam. Die Beziehung zwischen Mutter und Sohn war nicht einfach, aber wohl doch für beide Seiten gewinnbringend. Warhol hatte nicht nur eine akzeptable Assistentin, die ihn bei seinen Projekten unter- Mutter und Sohn stützte und die er in seine künstlerische Produktion einband, sondern auch eine Haushälterin, die für sein leibliches Wohl sorgte; und Julia Warhola hatte für die nächsten zwei Jahrzehnte eine Aufgabe, die sie mit Hingebung erfüllte.

»Andy Warhols Beziehung zu Julia war kein Einzelfall. Sie ähnelte der Jack Kerouacs zu seiner ›frommen, bäuerlichen Mutter‹, mit der er fast sein Leben lang zusammenwohnte, Allen Ginsbergs Beziehung zu seiner Mutter, die er in dem großen Gedicht ›Kaddish‹ verherrlichte, und Elvis Presleys Verhältnis zu seiner Mutter, die man als Hauptstütze seiner Karriere in den fünfziger Jahren ansehen kann. Auch Truman Capote und Tennessee Williams wurden von ihren Müttern beherrscht. Nach dem Zweiten Weltkrieg gab es in Amerika eine Art Mutterkult, der nicht zu unterschätzen war.« (BO, S. 100)

1953 zogen die beiden in die 242 Lexington Avenue. Trotzdem blieb das Serendipity ein wichtiger Treffpunkt für Warhol und seine Freunde, die aktiver Teil seiner Buchproduktion waren; so schrieb z. B. der Designer Charles Lisanby Texte, während andere Teile der Kolorierung übernahmen. Das arbeitsteilige Kunstprinzip, das Warhol auch in späteren Jahren anwandte, entwickelte er bereits als Stammgast des Serendipity. An seiner platonischen Beziehung zu Charles Lisanby änderte aber weder das gemeinsame Arbeiten noch die 1956 unternommene Weltreise etwas. Von Juni bis August waren die zwei Freunde gemeinsam in Japan, Taiwan, Hongkong, Indonesien, Indien und Europa unterwegs, ohne dass eine sexuelle Beziehung zustande gekommen wäre, auch wenn Warhol sich dies gewünscht hatte. »Einem homosexuellen Freund gegenüber beklagte sich Andy darüber, daß er ›mit einem Mann eine Weltreise machte und nicht einmal einen Kuß bekam‹.« (zit. n. BO, S. 123) Das Ende der Reise war auch das offizielle Ende einer langjährigen Freundschaft.

Weltreise mit Charles Lisanby

Sein Aussehen wurde für Warhol immer problematischer. Er litt unter seiner unschönen Nase ebenso wie unter seiner schlechten Haut und seinem schütter werdenden Haar. 1957 unterzog er sich daher einer Schönheitsoperation und begann

Haartoupets und eine Sonnenbrille zu tragen. Damit verstärkte er noch die Aura des exzentrischen Künstlers, mit der er sich ohnehin schon umgeben hatte. Seinen schäbigen Look aus der Anfangszeit in New York behielt er weiterhin bei. Zwar war er längst in der Lage, sich teure Kleidung und Luxusartikel zu kaufen, aber selbst wenn er dies tat, bearbeitete er Anzüge und Schuhe, bevor er sie anzog, so lange, bis sie abgetragen aussahen und damit ins Bild passten.

1960 kaufte Warhol ein Haus in der 1342 Lexington Avenue und zog dort mit seiner Mutter ein, die das Souterrain bewohnte. Die Beziehung zu ihr war schwieriger geworden, denn mehr und mehr schien sich der Sohn ihrer zu schämen und wußte es so einzurichten, dass sie an seinen gesellschaftlichen Auftritten wie z. B. den Vernissagen nicht teilnahm. Da sich Julia Warhola nach wie vor weigerte, Amerikanisch zu lernen, und ohne Andy nichts unternahm, wurde sie immer einsamer und begann sich zunehmend in den Alkohol zu flüchten. Aber sie sorgte immerhin dafür, dass ihr Sohn wenigstens ein ordentliches Frühstück bekam, bevor er das Haus verließ. Nach diesem Frühstück und einer kurzen Arbeitseinheit zog er in der Regel sein »Raggedy Andy«-Kostüm an, rief ein Taxi und fuhr zu einer Werbeagentur oder einer Zeitschriftenredaktion, um seine Werke abzuliefern. Zwischen diesen Gesprächen und Terminen nahm er sein Mittagessen in einem noblen Restaurant ein. Gegen Nachmittag wurde dann dem Serendipity ein Besuch abgestattet, zu Kaffee und Kuchen. Auf dem Heimweg stand meist noch der Gang in einen Musik- oder Buchladen auf dem Programm. Abends war er oft auf einer Party eingeladen, hinterher arbeitete er noch mehrere Stunden lang an seinen Aufträgen und ging gegen drei oder vier Uhr morgens ins Bett.

Partygänger

Die Partys spielten im Leben Warhols eine wesentliche Rolle. Zum einen ließ sich anhand der Einladungen ablesen, wie beliebt und angesagt man in der Szene war, und zum anderen waren sie für ihn die Möglichkeit, Prominente zu treffen – sein großer Jugendtraum und immer der Fokus seines Lebens. Andy Warhol brauchte andere Menschen, um Ideen zu haben, um sich der eigenen Bedeutung zu versichern und um

»Obwohl Andy manchmal scheu und geistesabwesend war, wollten sich alle mit ihm unterhalten. Und er hörte einfach nur zu. So war er immer. Er gab keine Kommentare ab, hatte nicht viel zu bieten, und trotzdem mochten ihn alle. Er hatte massenhaft Freunde, weil er irgendwie anders war. Immer sagte er etwas Unerwartetes, war wie ein unschuldiges Kind, und das faszinierte die Leute. Ich hab nie begriffen, warum alle so hinter ihm her waren, denn er stand inmitten dieser Leute, die auf ihn einredeten, nur einfach so da und sagte ›Ja‹ oder ›Nein‹.« (Vito Giallo, 1954 und 1955 Assistent von Andy Warhol; zit. n. BO, S. 114)

seinen Horizont zu erweitern. Sein Auftreten war das des schweigenden Beobachters und nicht das des glamourösen Partylöwen. Dabei hätte er durchaus offensiv auftreten können, war er doch beruflich nach wie vor unglaublich erfolgreich. Warhol profitierte von dem damaligen Boom in der Werbe- und Zeitschriftenbranche. Anfang der fünfziger Jahre stieg der Jahresetat für Werbung in den USA auf fast 9 Milliarden Dollar. Immer wieder neue Ideen waren gefragt, und ein zeichnerisches Talent wie Warhol hatte es leicht, auf dem florierenden Markt eine bedeutende Stellung zu besetzen. Er hatte so viel zu tun, dass er Mitte der fünfziger Jahre die beiden jungen Künstler Vito Giallo und Nathan Gluck als Assistenten einstellte. Im selben Jahr, 1955, übernahm Warhol einen großen Werbeauftrag für die Schuhfirma I. Miller und war jede Woche mit einer seiner Zeichnungen in der *New York Times* zu sehen. Für diese Kampagne erhielt er 1956 den »Award for Distinctive Merit« des Art Directors Club. Ein Jahr später gründete er, der mittlerweile zu den anerkannten und bestbezahlten Werbegrafikern New Yorks zählte, die Andy Warhol Enterprises Inc. und veröffentlichte in *A Gold Book* seine blotted-line-Zeichnungen auf Goldpapier.

Erfolgreicher Unternehmer

Während sich ab 1958 der Begriff »Pop Art« etablierte und Künstler wie Jasper Johns und Robert Rauschenberg in der Leo Castelli Gallery ausstellten, wuchs Warhols Unzufriedenheit mit seiner ausschließlichen Tätigkeit als Werbegrafiker. Es scheint, als hätte seine vom Kollegen Ralph Ward so formulierte Hauptantriebskraft: »Andy tat alles für Geld. Sein Hauptziel war es, zu lernen, wie man alles noch schneller tun kann« (zit. n. BO, S. 97), zu dieser Zeit ihre Faszination verloren – oder vielleicht hatte Warhol erkannt, dass man auch mit Kunst viel Geld verdienen und noch berühmter werden konnte. Der Weg von der Werbebranche zur Kunst erwies sich allerdings als schwierig, und New Yorks bester Grafiker musste einige Niederlagen hinnehmen, bis sich für ihn auch auf dem neuen Gebiet Erfolg einstellte. Zunehmend zog er sich aus der Werbung zurück und veröffentlichte schließlich 1959 zusammen mit der Designerin und Künstlerin Suzie Frankfurt auch sein letztes Präsentationsbuch: ein satirisches Kochbuch mit dem Titel *Wild Raspberries*.

Wild Raspberries, vgl. S. 76

»Member of the Club«: Erfüllung des Jugendtraums (1960-1968)

Land unbegrenzter Möglichkeiten III

1960 brach durch die Wahl von John F. Kennedy zum bis dahin jüngsten Präsidenten der USA eine neue Ära in der amerikanischen Politik an. Innenpolitisch spitzte sich die Auseinandersetzung zwischen der weißen und der schwarzen Bevölkerung immer mehr zu. Außenpolitisch verhärteten sich die Beziehungen zwischen den beiden Supermächten USA und Sowjetunion. 1961 wurde die Berliner Mauer gebaut. In der kubanischen Schweinebucht landeten von der CIA ausgebildete Truppen mit dem Ziel, Fidel Castro zu stürzen. Ein Jahr später begann mit der Entdeckung von sowjetischen Atomraketen auf Kuba die Kubakrise, die erst nach Abzug der Raketen überwunden wurde. 1963 kam es rund um Martin Luther King, der mit seiner Rede *I have a dream* zur Schlüsselgestalt der Anti-Rassismus-Bewegung wurde, zu großen Demonstrationen für die Gleichberechtigung. Am 22. November 1963 starb John F. Kennedy bei einem Attentat; wenig später wurde sein mutmaßlicher Mörder Lee Harvey Oswald während seiner Überführung in ein Gefängnis vor laufender Kamera erschossen. Unter Lyndon B. Johnson, dem neuen Präsidenten, mischten sich die USA ab 1964 offiziell in den Vietnamkonflikt ein. Bereits ein Jahr später kam es zu den ersten »teach-ins« gegen den Krieg. Im New Yorker Viertel Harlem eskalierte 1965 mit der Ermordung von Malcolm X der Rassenkonflikt, der sich 1967 besonders in Newark, New Jersey und Detroit verstärkt fortsetzte. Im Sommer fand ein großer Friedensmarsch nach Washington statt. Im selben Jahr wurde der Slogan »Black Power!« von Stokely Carmichael zum geflügelten Wort der Freiheitsbewegung der schwarzen Bevölkerung in den USA.

Trotz der prekären politischen Lage boomte die US-amerikanische Kultur. Die nach dem Zweiten Weltkrieg eingesetzte Ablösung der Vormachtstellung Europas in der bildenden Kunst berührte auch andere Disziplinen wie die Literatur und die Filmwissenschaften. 1960 hatte Alfred Hitchcocks legendärer Film *Psycho* Premiere. Die *West Side Story* bekam zwei Jahre später als bester Spielfilm einen Oscar. Edward Albees Stück *Wer hat Angst vor Virginia Woolf?* wurde 1962 uraufgeführt, Ken Kesey veröffentlichte *Einer flog über das Kuckucksnest*, und John Steinbeck wurde Literaturnobelpreisträger. 1964 kam der Beatles-Film *A Hard Day's Night* in die Kinos, und Stanley Kubricks *Dr. Strangelove* lief an. Zwei Jahre später erschienen mit Truman Capotes *Kaltblütig*, Thomas Pynchons *Die Versteigerung von No. 49* und Susan Sontags *Kunst und Antikunst* Werke der Weltliteratur. Marshall McLuhan veröffentlichte 1967 mit *Das Medium ist die Botschaft* einen der zentralen medientheoretischen Texte, der ein Foto von The Exploding Plastic Inevitable, der Disko Warhols, enthielt. Auch wenn die Massenmedien als prägendes Element der Gesellschaft und als neues theoretisches Spielfeld erkannt wurden, war das heute so selbstverständliche Networking als zentraler Bestandteil öffentlichen Tuns noch wenig etabliert.

In den bewegten sechziger Jahren war es vor allem für Avantgardekünstler geradezu unerlässlich, die richtigen Leute zu kennen, um sich Ausstellungsmöglichkeiten zu sichern. Warhol mit seinem Faible für berühmte Menschen nutzte seinen aufkeimenden Ruhm, um seinen Bekannten- und Freundeskreis stetig zu erweitern. 1960 lernte er durch die Vermittlung von Tina Fredericks, der Art-Direktorin von *Glamour,* den Filmemacher Emile de Antonio kennen, den er schlicht »De« nannte und der lange Zeit zu Warhols Freunden gehörte. De

Antonio war für Warhol auch als direkter und heftiger Kritiker seiner Bilder wichtig und trug mit seinen unverblümten Bemerkungen dazu bei, dass dieser seinen eigenen Stil fand. Warhol schätzte Offenheit und konstruktive Kritik sehr und verstand es, Anregungen seiner Freunde und Gönner, die ihm gerechtfertigt schienen, umzusetzen.

Freunde fürs Leben und die Karriere

1961 machte Warhol die Bekanntschaft von Ivan Karp, dem Assistenten des Galeristen Leo Castelli. Karp und Henry Geldzahler, Kurator für zeitgenössische Kunst am Metropolitan Museum in New York, zeichnen für den künstlerischen Erfolg Warhols in großem Maße verantwortlich. Nicht nur verfügten die beiden über wichtige Kontakte und stellten sie ihm bereitwillig zur Verfügung, sie standen ihm auch mit Ratschlägen zu Themen und deren Gestaltung zur Seite und waren in ihren Urteilen kritisch. In Geldzahler hatte Warhol nicht nur einen Freund fürs Leben, mit dem er mehrmals täglich telefonierte, sondern auch einen exzellenten Berater und Kenner der aktuellen Kunstszene.

Medium Film, vgl. S. 108 ff.

Ab 1963 befasste sich Andy Warhol auch mit dem Medium Film. Seine Ambitionen gingen in Richtung Westküste: Hollywood-Produzent wäre er zu gern geworden, zunächst aber begann er als eigenwilliger Underground-Filmer – und weiter ist er auf diesem Gebiet auch nicht gekommen. Der 1963 entstandene Kontakt zu Jonas Mekas, dem Direktor der »Film-Makers' Cooperative«, einer unabhängigen, nichtkommerziellen Organisation von Filmemachern, war für sein neues Interesse wesentlich. Mekas sorgte dafür, dass Warhols Filme erstmals öffentlich in einem Avantgarde-Kino gezeigt wurden. Einer von Warhols Assistenten, Paul Morrissey, den er 1965 kennenlernte, wurde im Laufe der Zeit zu seinem speziellen Filmproduzenten – wie überhaupt die Assistenten Warhols eine zentrale Rolle in seiner künstlerischen und teilweise auch in seiner persönlichen Entwicklung spielten. So war etwa der junge Schriftsteller Gerard Malanga von 1963 bis 1970 Assistent von Andy Warhol und produzierte zahlreiche Siebdrucke mit ihm. Die beiden verband über Jahre hinweg eine sehr enge Freundschaft, die über die Arbeit weit hinausging. Auch Danny Williams, seines Zeichens ebenfalls Filmemacher und Mitglied der Factory, stand Warhol zur Seite, beruflich wie privat: 1965 hatten sie eine Liebesbeziehung, die ungefähr ein Jahr dauerte. Um Gerüchten über seine Homosexualität vorzubeugen, achtete Warhol nicht nur darauf, dass seine Neigungen nicht publik wurden, sondern umgab sich auch sein Leben lang mit schönen und möglichst berühmten Frauen, die seinem eigenen Image förderlich waren. Die für ihn wichtigen Menschen, die er zu seinen »Superstars« machte, waren Anfang 1962 Marisol (Marisol Escobar) und Ruth Kligman; 1963 spielten Brigid Berlin (Brigid Polk), Ondine (Robert Olivo) und Baby Jane Holzer (Jane Brookenfeld) in seinen Filmen mit. Die Bezeichnung »Superstars« ist als ironische Hommage an den Starkult der Hollywoodschauspieler zu verstehen. Warum nicht auch die bestehende Filmszene

»Superstars«

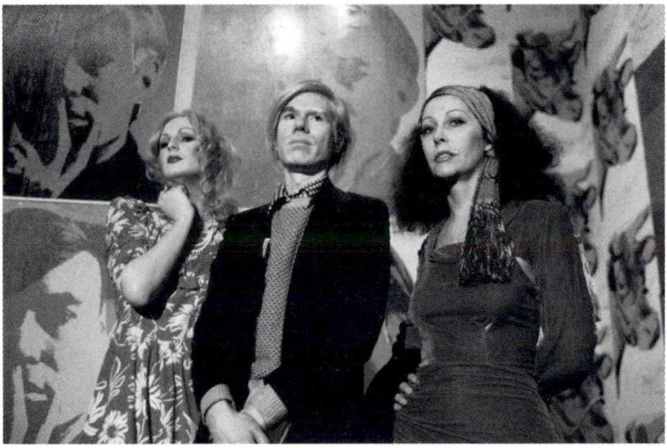

Zu Warhols »Superstars« zu gehören galt in den entsprechenden Kreisen als Auszeichnung. Hier Ultra Violet (Isabelle Collin-Dufresne) und Candy Darling (James Lawrence Slattery), 1971

toppen? Die Superstars kamen und gingen mit den verschiedenen Produktionen und je nach der Gunstzuteilung des Meisters. Einige begleiteten ihn über Jahre, wie etwa Brigid Berlin, die viele der später in *The Andy Warhol Diaries* veröffentlichten Telefonate mit ihm führte. Sie stammte ebenso wie Baby Jane Holzer aus der Upper Class, die sie mit ihrer Zugehörigkeit zum Kreise Warhols in Frage stellte. Zur Familie der Factory, also zur Gruppe der Künstler und Underdogs, die sich in Warhols Atelier trafen, gehörten ab 1965 auch Ingrid Superstar (Ingrid von Schefflin), Ultra Violet (Isabelle Collin-Dufresne) und Edie Sedgwick, über die 2006 der Film *Factory Girl* in den USA gedreht wurde. Edie Sedgwick stellte für Warhol einen wahren Glücksgriff dar. Sie war schön und glamourös, kam aus bestem Hause, war vermögend, problembeladen und daher leicht zu beeinflussen. Als Protagonistin Warhol'scher Filme wurde sie zum Star des damaligen Underground-Kinos und zur Königin der coolen, schrägen Szene in New York. Für Andy Warhol war die androgyne Edie aber noch viel mehr – sie wurde zur Personifikation seines Alter Egos, die vieles von dem darstellte, was er selbst gern gewesen wäre. Er konnte alles in sie hineindeuten, und ihre optische Imitation seiner Erscheinung sorgte dafür, dass das Vexierspiel für ihn noch besser funktionierte und seine Defizite noch stärker sublimiert werden konnten. Die Beziehung zwischen

Edie Sedgwick

> »Beruflich kam ich gut voran. Ich hatte mein eigenes Atelier, und ein paar Leute arbeiteten für mich, und es hat sich so ergeben, daß sie auch in meinem Atelier wohnten. In dieser Zeit lief alles locker und flexibel. Die Atelierleute waren nachts wie tags da. Und die Freunde von den Freunden: Der Plattenspieler spielte ständig Maria Callas, und überall waren jede Menge Spiegel und massenhaft Alufolie.« (Andy Warhol; PH, S. 29)

den beiden gestaltete sich Ende 1965 immer schwieriger, wobei die von ihr konsumierten Drogen dabei eine entscheidende Rolle spielten. Das Drama erreichte seinen Höhepunkt, als Edie bei einem Treffen in einer Kneipe Warhol verließ, zum konkurrierenden Underground-Clan überlief und mit dessen Star, keinem Geringeren als Bob Dylan, das Lokal verließ. Damit war Edie Sedgwick, die 1971 starb, für Andy Warhol verloren.

Wenn Warhol in Begleitung Partys oder Empfänge besuchte, etwa mit Velvet (Susan Bottomly) und Eric Emerson, die seit 1966 zu seinem »inner circle« gehörten, musste er sich um Publicity keine Sorgen machen. Allerdings bekannte er sich seit 1962 mehr und mehr zu seiner Homosexualität und hatte auch einige Liebschaften und Verhältnisse, das früheste mit

John Giorno, den er in seinem ersten Film *Sleep* gefilmt hatte. Doch obwohl Warhol seine Homosexualität offensichtlich durch Gestik und Auftreten nach außen deutlich machte, hielt er seine intimen Beziehungen eher geheim. Im Laufe seines Lebens wurde er immer enthaltsamer und zog seine Befriedigung mehr und mehr aus dem Betrachten sexueller Szenen, wozu es in der Factory häufig Gelegenheit gab.

1968 lernte Warhol Jed Johnson, seine einzige langjährige feste Beziehung, kennen. Johnson war vor allem in der Zeit nach dem Attentat, das im selben Jahr auf seinen Lebensgefährten verübt wurde, wichtig, da er bei ihm zu Hause einzog und sich um Mutter und Sohn kümmerte. Als Johnson Warhol 1980 verließ, konnte dieser den Verlust nur mit Hilfe von viel Alkohol aushalten.

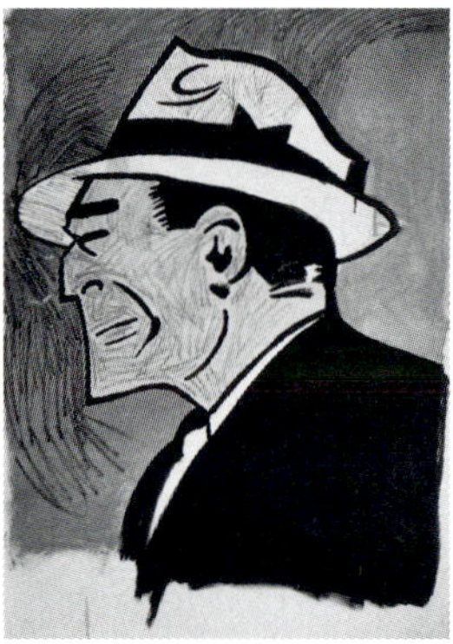
Die Helden seiner Jugend in Öl: Hier *Dick Tracy*, 1960

Obwohl Warhol über einen großen und prominenten Freundes- und Bekanntenkreis verfügte, hatte er kaum enge Beziehungen zu Künstlerkollegen wie z. B. zu Jasper Johns und Robert Rauschenberg, deren Arbeiten sich Ende der fünfziger Jahre durchzusetzen begannen. Andy Warhol begriff nun endgültig, dass auch auf dem Gebiet der Kunst Geld und Ruhm zu erlangen waren und dass in der Gesellschaft ein Künstler in höherem Ansehen stand als ein Werbegrafiker. Ein Grund mehr für ihn, sein Interessengebiet zu verlagern. Als erste gemalte Werke entstanden *Batman*, *Dick Tracy*, *Popeye* und *Superman*. Warhol wandte sich damit Themen zu, die er zum einen aus seiner Kindheit bestens kannte und die zum andern mit dem zeichnerischen Genre eng verwandt waren, so dass sein diesbezügliches Talent weiterhin zum Einsatz kommen konnte. Zu dieser Zeit malte er auch Werbelogos und bekannte Bilder aus der Werbebranche, die er mit Hilfe eines Projektors vergrößert auf die Leinwand projizierte und nachzeichnete. Aber mit diesen Arbeiten gelang es ihm noch nicht, sich in der

Träume in Öl und Acryl

Kunstwelt einen Namen zu machen. Seine neuen Freunde Ivan Karp und Henry Geldzahler mussten ihm mit ihren Kontakten und ihrem Glauben an sein künstlerisches Potential erst langsam den Weg zum Erfolg bahnen. 1961 sah ihr Schützling in der Leo Castelli Gallery eine Ausstellung mit Comic-Motiven von Roy Lichtenstein; nachdem er sich jedoch vergeblich darum bemüht hatte, ebenfalls von Castelli vertreten zu werden, erkannte er, dass er nur mit anderen Motiven erfolgreich sein konnte.

Suche nach neuen Themen

Um neue Themenkreise für sich zu erschließen, veränderte er das Prinzip des in der Werbebranche gängigen »brain storming« zu »pick somebody's brains«, was so viel heißt wie: »Zapf das Gehirn eines anderen an.« Dieses Verfahren sollte in den nächsten Jahren in seinem Umkreis legendär werden. »Ich war nie verlegen, jemanden zu fragen: Was soll ich malen? Wenn ich gerade an etwas Neuem arbeitete, ging das wochenlang so – jeden, mit dem ich zusammen war, fragte ich, was ich malen sollte. Noch immer mache ich das so. Das hat sich nicht geändert. Ich höre ein Wort, oder vielleicht missverstehe ich jemanden, und das gibt mir eine eigene gute Idee. Das Ziel ist es, die Leute zum Reden zu bringen, denn früher oder später fällt ein Wort, das mich auf neue Gedanken bringt.« (zit. n. SA 2002, S. 39) Doch die guten Ideen allein reichten noch nicht aus, um den Weg von der Gebrauchsgrafik zur Kunst zurückzulegen.

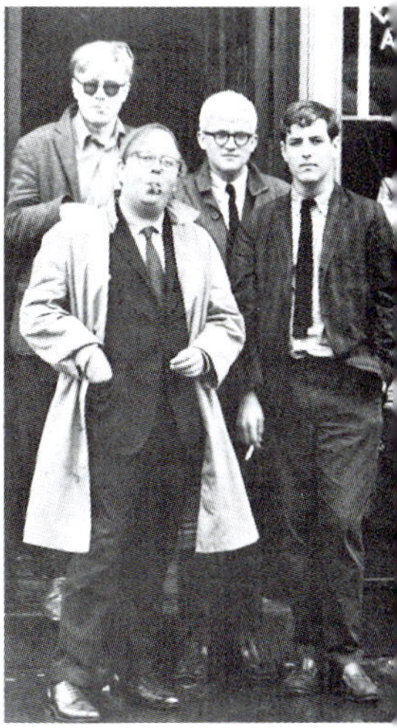

Andy Warhol, Henry Geldzahler, David Hockney und Geoffrey Goodman (von links), 1963 fotografiert von Dennis Hopper

Warhols exzentrisches Auftreten und Aussehen erwiesen sich nun als nachteilig, denn die snobistische New Yorker Kunstszene tat sich, anders als die Werbebranche, mit einem solch seltsamen Kauz zunächst recht schwer. Nicht jedem Galeristen gefiel es, von einem maskierten Künstler in dessen Atelier empfangen und genötigt zu werden, selbst eine Maske aufzusetzen. Dennoch gelang es Warhol, den Geschäftsmann Robert Scull, der seine Millionen mit einem Taxi-Unternehmen gemacht hatte, als einen seiner frühen und eifrigsten Sammler aufzutun und so finanzielle Engpässe zu überbrücken.

1961 bekam Warhol dann von der jungen Architektin Muriel

Latow, die selbst eine kleine Galerie besaß, als Gegenleistung für 50 Dollar den entscheidenden Tipp, der ihn zu seinen ganz eigenen künstlerischen Themen führen wird: »... Du mußt Bilder mit Geldscheinen malen, ... du mußt malen, was jeder täglich sieht, was jeder erkennt ... zum Beispiel eine Suppendose ...« (zit. n. Dallmann 2001, S. 293) Im Anschluss daran entstanden die berühmten Gemälde der Campbell's-Suppendosen, der Coca-Cola-Flaschen und der Dollarscheine – Motive, die in kurzer Zeit zu Bildikonen des 20. Jahrhunderts wurden. Der Durchbruch für Warhols Karriere als Künstler kam mit der Ausstellung »32 Campbell's Soup Cans« im August 1962 in der Ferus Gallery in Los Angeles. Wenige Monate später folgte dann die Teilnahme an der Gruppenausstellung »The New Realists« – damit wurde Warhols Bedeutung für die neue Kunstrichtung Pop Art, die sich gerade etablierte, sichtbar. Auf Anraten Geldzahlers entstanden 1962 die ersten *Disaster*- sowie fünf *Do It Yourself*-Bilder und erste Porträts von Elvis Presley, Marlon Brando und, nach ihrem Selbstmord im August, der Monroe. Mit den Porträts hatte Warhol das gefunden, was seinen Ruf wie auch sein Vermögen mehren sollte.

Suppendosen, vgl. S. 81 ff.

Im selben Jahr hatte er, zeitgleich mit Rauschenberg, die Technik des Fotosiebdrucks für sich entdeckt. In dieser Technik entstanden viele seiner Motive noch einmal und wurden erstmals in der New Yorker Stable Gallery, einer der führenden Galerien für zeitgenössische Kunst, ausgestellt. Die zuständige Galeristin war Eleanor Ward, die auch eine persönliche Schwäche für »My Andy Candy« hatte, wie sie Warhol mit Anspielung auf seine Leidenschaft für Süßigkeiten nannte. In dieser Ausstellung, einer der wichtigsten für Warhols Karriere, zeigte Ward unter dem Titel »100 Soup Cans, 100 Coke Bottles, 100 Dollar Bills« seine Arbeiten und sorgte so dafür, dass die Kunstszene der Stadt neuen Gesprächsstoff bekam. Dank Henry Geldzahler war jeder, der Rang und Namen in dieser Szene hatte, bei der Einweihungsparty anwesend. Andy Warhol hatte es geschafft: Er war zum Stadtgespräch geworden, in der Kunstwelt wie in den Klatschspalten.

Künstler der Stable Gallery

Diese Mischung blieb auch in den nächsten Jahren sein ›Ge-

Marcel Duchamp

heimrezept‹ für dauerhaften Erfolg. Außerdem versuchte er, ähnlich wie Marcel Duchamp, den er im September 1962 in Pasadena getroffen hatte, mit einer Verweigerungspose das Interesse der Medien und der Szene zu erhalten. Allerdings entzog er sich nicht physisch wie Duchamp, sondern intellektuell, indem er sich die Marotte zulegte, auf Fragen sinnlose Antworten zu geben und bei Interviews den Anschein geistiger Umnachtung zu erwecken.

»Wie werden Ihre Ideale in Kunst übersetzt?
Ich will Leute zum Lachen bringen.
Was meinen Sie damit?
Nichts. Nur Unterhaltung.
Ich würde noch gern auf ein anderes Thema kommen, nämlich Ihr Familienleben, Ihr Liebesleben, Ihre Liebesdinge. Ihr Sexleben, plump ausgedrückt.
Ich habe keins.
Das ist seltsam. Sind Sie so sehr mit Ihrer Kunst und dem Filmemachen beschäftigt, dass Sie keine Zeit haben?
Das ist richtig.
Hoffen Sie, später einmal Zeit dafür zu haben?
Nein.
Sie hoffen es nicht, und Sie erwarten es nicht?
Nein.«
(Interview mit dem Journalisten George Gruskin am 13. März 1973; zit. n. Goldsmith 2005, S. 225 f.)

Gleichzeitig setzte er seine künstlerische Karriere zielstrebig fort. Die Ausstellung in der Stable Gallery endete mit dem Verkauf einer Gold-Monroe an das Museum of Modern Art. Bei dieser Arbeit betonte er den ikonenhaften Charakter zusätzlich durch einen goldfarbenen Hintergrund, von dem die grellen Farbflächen des eigentlichen Siebdrucks sich abheben. Diesen Verkaufserfolg nahm Warhol zum Anlass, seine Tätigkeit als Werbegrafiker offiziell zu beenden, um sich von nun an nur noch als hauptberuflicher Künstler zu verstehen.

Der Künstler als Maschine

Was zu seiner Popularität außerdem entscheidend beitrug, war 1963 ein Interview in der renommierten Kunstzeitschrift *Art News*, formulierte Warhol hier doch das für ihn maßgebliche künstlerische Konzept: »Ich glaube, jeder sollte eine Maschine sein [...]. Ich möchte eine Maschine sein, und ich fühle, dass ich alles, was ich maschinenähnlich tue, tun will.« (zit. n. Shanes 2004, S. 41) Ein Künstler, der wie eine Maschine arbeiten will – ein deutlicherer Kontrast zu den Großen der amerikanischen Kunstszene wie z. B. Jackson Pollock war kaum denkbar. Nicht das Emotionale, das Innere, sondern die kühle abgeklärte Oberfläche, das Kalte, Maschinelle war es, worauf Warhol mit seinen Gemälden und Siebdrucken abzielte; das machte die neue Kunstrichtung Pop Art aus, und damit hatte Warhol durchschlagenden Erfolg.

***The Thirteen Most Wanted Men*, vgl. S. 98**

1964 wartete er zuerst mit einem Skandal und dann mit einer Überraschung auf. Der Architekt und Kunstsammler Philip Johnson hatte ihn mit dem Wandbild für den USA-Pavillon auf der Weltausstellung in New York beauftragt. Noch vor dem Beginn der Ausstellung kam es zum Eklat, denn Warhols Idee, Porträts der 13 meistgesuchten Verbrecher der Vereinigten Staaten zu zeigen, stieß auf wenig Gegenliebe. Die Porträts wurden daraufhin von ihrem Schöpfer mit Silberfarbe übersprüht und so zu einem Zeichen für die Diskussion über die Freiheit der Kunst, über die Bedeutung und Nutzung von öffentlichem Raum. Aber auch die Gesinnung der Auftraggeber wurde durch diesen Akt zur Diskussion gestellt.

Objektkünstler, vgl. S. 105 ff.

Ungerührt von dem heraufbeschworenen Skandal bereitete Warhol seine Überraschung für die Kunstszene vor: Bei einer weiteren Ausstellung in der Stable Gallery, die am 21. April eröffnet wurde, zeigte er weder Gemälde noch Druckgrafiken, sondern Objekte – Kartons für Brillo-Putzkissen, Del-Monte-Pfirsiche, Heinz-Ketchup, Motts-Apfelsaft, Kellogg's Cornflakes und Campbell's-Suppendosen. Es handelte sich um genaue Abbilder der Verpackungen, die im Handel erhältlich waren, allerdings bestanden sie aus mit Acrylfarbe bedrucktem Holz. Dieser Ausflug in die Welt plastischer Objekte war jedoch nicht viel mehr als eine spielerische Laune, der zwei Jahre später eine ähnliche Ausstellung bei Castelli folgte. Zu sehen waren eine Kuhtapete und silberne, frei fliegende, mit Helium gefüllte Luftkissen. Mit einem Schwarm solcher Luftkissen, die in den New Yorker Himmel schweben, wird sich

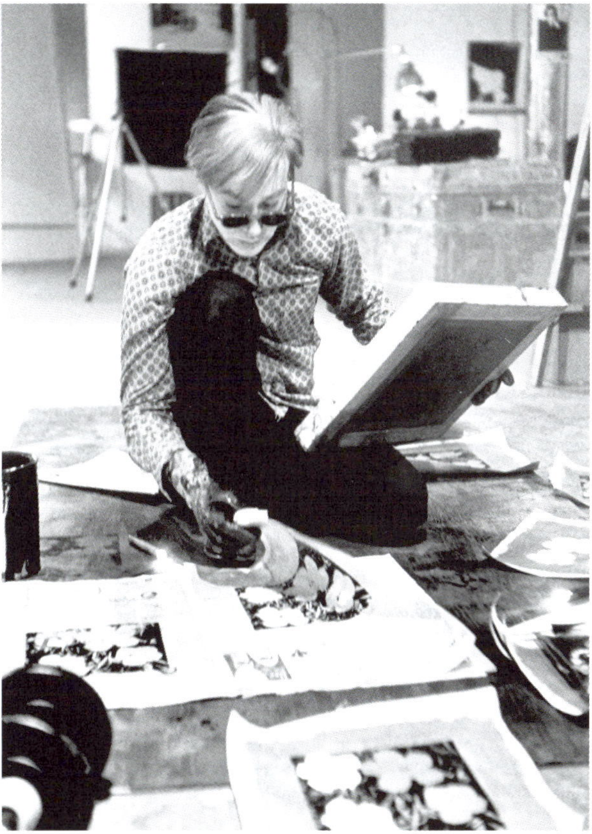

Andy Warhol 1964 in seinem Atelier bei der Herstellung von Drucken der *Flowers*

20 Jahre später die Welt von Andy Warhol verabschieden. Dennoch waren die Objekte nur kleine Aperçus in Warhols künstlerischer Laufbahn, die 1964 eine neue Wendung nahm. Denn im Januar dieses Jahres setzte Warhols Siegeszug in Europa ein. Die Galerie Ileana Sonnabend zeigte seine *Disaster*-Bilder mit großem Erfolg in Paris. Ein Jahr später wurden die heiteren *Flower*-Bilder dort genauso bewundert. Europa feierte mit Warhol den bedeutendsten Pop-Art-Künstler, der seine Fans mit der Erklärung überraschte, er werde die Malerei aufgeben und von nun an nur noch Filme machen – und das, obwohl auch seine große Retrospektive, die im Oktober im

Erfolg in Paris

Art Institute of Contemporary Art der University of Pennsylvania eröffnet wurde, so gut besucht war, dass Warhols Bilder während der Vernissage zu ihrem eigenen Schutz von den Wänden genommen werden mussten. Der Grund für diese Ankündigung war eine 16-mm-Kamera, die Warhol 1963 angeschafft hatte: der Beginn einer langen und wunderbaren Freundschaft – und der Beginn seiner Karriere als Experimentalfilmer. Seinem ersten Film *Sleep* folgten in kurzem Abstand viele andere. Ihr Markenzeichen waren eine starre Kameraeinstellung sowie der Verzicht auf Schnitt und Montage. Zahlreiche seiner Freunde, Assistenten und Bekannten spielten in diesen Filmen mit, die in der Szene bald führend wurden. 1964 erhielt ihr Regisseur den »Sixth Independent Film Award«, eine der begehrtesten Auszeichnungen des Underground-Kinos. Obwohl Warhols Leidenschaft für den Film nie versiegte, verlagerte er im Laufe der sechziger Jahre sein Betätigungsfeld und vertauschte die Filmkamera mit dem Tonbandgerät. Die Regiearbeit überließ er schließlich ganz den erprobten Händen von Paul Morrissey, während er selbst sich darauf beschränkte, Produzent zu sein. Das Medium Film behielt für ihn aber bis zum Schluss seinen Reiz und blieb wichtiges Element der Factory-Kultur, die sich ab 1963 entwickelte und zu Warhols Markenzeichen schlechthin werden sollte.

Der Film *Sleep*, **vgl. S. 108 f.**

Vom Atelier zur Factory

Am Anfang stand ein Immobilienkauf: 1960 hatte Warhol das Haus 1342 in der Lexington Avenue erworben, in das er mit seiner Mutter einzog. Wie so viele Künstler mietete er im Juni 1963 ein Atelier dazu, im ersten Stockwerk eines Gebäudes in der East 87th Street gelegen, das ursprünglich der Feuerwehr als Unterkunft gedient hatte. Neuer Assistent dort wurde Gerard Malanga, der ihm bei den Siebdrucken half. Die Ausstattung des Ateliers war schlicht. Es gab weder Strom noch Wasser oder Telefon; die einzelnen Stockwerke waren nur über eine Rutschstange miteinander verbunden. Dennoch entstanden hier mit der Unterstützung seiner Assistenten in der folgenden Zeit viele wichtige Arbeiten Warhols wie z. B. die Elvis- und die Mona- Lisa-Drucke. Mit weiterem wandte er sich erstmalig dem Thema der Paraphrasen zu; das Erstellen motividentischer Varianten nach einem kunsthistorisch bedeutenden Werk wurde dann vor allem in seinem letzten Zyklus *The Last Supper* zentral. Schon bald mauserte sich das Atelier zu einem beliebten Treffpunkt von Künstlern, Musikern und merkwürdigen Menschen aller Art, erhielt den Namen »Factory« und »entwickelte sich zur Tages- und Nacht-WG der künstlerischen Halbwelt und Independent Szene« (Knöfel 2007, S. 164). Das Wir-Gefühl dieser Off-Szene hielt die unterschiedlichsten Typen zusammen und sorgte für eine angenehme, familiäre Stimmung. Als ein gemeinschaftliches Projekt gründete Warhol 1963 eine Rockband, die allerdings nur einige Wochen existierte, aber dennoch in New Yorker Kunstkreisen für Furore sorgte, was auch auf die honorige Besetzung zurückzuführen ist: Patti Oldenburg sang, Warhol und Lucas Samaras übernahmen den Background, Jasper Johns textete, Walter de Maria spielte Schlagzeug und Larry Poons Gitarre, während La Monte Young am Saxophon zu hören war.

Paraphrasen, vgl. S. 101 ff.

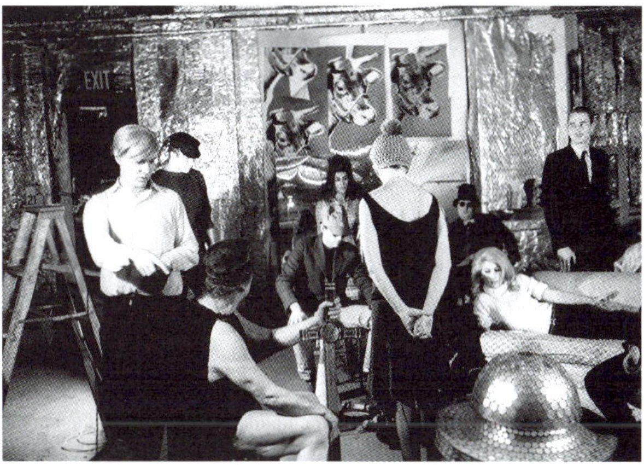

Andy Warhol 1965 in der Factory

Im November 1963 zog die Factory in eine ehemalige Hutfabrik in der 47th Street um. Damit residierte Warhol unweit der Grand Central Station, des Hauptsitzes der Vereinten Nationen und des Empire State Building. Der fünfte Stock, in dem die Factory eingerichtet wurde, war ca. 400 qm groß, besaß zwei Toiletten, einen Lastenaufzug und ein Münztelefon. Die Wände und sichtbaren Rohre wurden von Billy Name, einem 21-jährigen Friseur und Beleuchter, zwischen Januar und April 1964 mit Aluminiumfolie verkleidet und so in eine einzige große Reflektorfläche verwandelt. Und auch alles weitere, Möbel, Kopiergerät, Toilette, wurde mit silberner Metallicfolie bedeckt. »Billy war für das Silber in der Factory verantwortlich«, erinnerte sich Warhol später, »... es war genau der richtige Zeitpunkt, silbern zu denken. Silber bedeutete die Zukunft, das Weltall – die Astronauten trugen silberne Anzüge [...] und ihre Ausrüstung war auch silbern. Und Silber bedeutete auch die Vergangenheit – die silberne Leinwand – Hollywoodschauspielerinnen in silberner Umgebung photographiert. Und mehr als alles andere bedeutete Silber Narzißmus – Spiegel hatten einen silbernen Hintergrund.« (zit. n. SA, S. 70) Die Factory blieb weiterhin Anlaufstelle für Schauspieler, Künstler, Aussteiger, Transvestiten, Tänzer und Musiker. So gehörten z. B. die Bands amphetamine rapture group (bestehend aus Orion de Winter, Diane di Prima und Dorothy Podber) und The Velvet Underground (mit Lou Reed, John Cale, Maureen Tucker und Sterling Morrison, ab 1966 auch Nico) zu den Dauergästen. Mit The Velvet Underground ging Warhol im Frühjahr 1966 sogar auf Tournee und produzierte ein Jahr später ihr erstes Album.

Faible für Rockmusik

Alle Gäste der Factory spannte Warhol für seine Filme, Projekte oder auch für ganz banale Aufgaben wie Putzen und Kochen ein. Bezahlt wurde nur sein Assistent Gerard Malanga, was den meisten Gästen allerdings egal war, denn sie hatten ein gemeinsames Interesse: Man konsumierte gängige Drogen wie Marihuana und Amphetamine und machte sich eine schöne Zeit. Warhol selbst nahm regelmäßig Appetitzügler, seit 1963 u. a. Obetrol, das wie Amphetamine wirkte und in jedem Drugstore zu bekommen war, hielt sich aber mit härteren Drogen und Alkohol zurück. Die Factory bot dem scheuen Hausherrn die Gelegenheit, Menschen um sich zu versammeln, mit ihnen zu arbeiten, ohne ihnen aber allzu nahe zu kommen. Die Mischung aus Subkultur und Prominententreff funktionierte, und Warhol sorgte nicht zuletzt mit seinem exzentrischen Äußeren für anhaltendes Interesse auf beiden Seiten. Sein Spitzname der damaligen Zeit war »Drella«, eine Mischung aus Dracula und Cinderella. »Er trug nun ein schwarzes Lederjackett, enge schwarze Jeans (darunter eine Strumpfhose), T-Shirts, hochhackige Stiefel, Sonnenbrille und eine silbergraue Perücke – passend zu seiner silbrigen Factory. Manchmal unterstrich er seine slawischen Gesichtszüge und seine Blässe noch durch Make-up. Er lachte fast nie und sprach auch kaum je in der Öffentlichkeit.« (BO, S. 198) Diese Selbstinszenierung passte perfekt zu seinem künstlerischen Erfolg. Warhol kultivierte damit zunehmend das Bild des exzentrischen Stars.

»Drella«

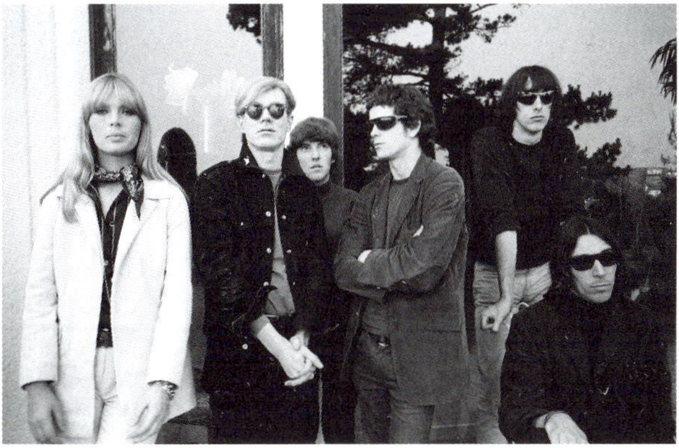

Warhol war ein großer Fan von The Velvet Underground und von Nico, die auf dem Debütalbum als Sängerin zu hören ist. Ca. 1965

1964 kaufte er sich ein Tonbandgerät, das er in der folgenden Zeit stets mit sich herumtrug und mit dem er zahllose Interviews und Gespräche aufzeichnete. Dieses Gerät stilisierte Warhol zu einer Person, der er sich symbiotisch verbunden fühlte: »Ich habe jedoch 1964 geheiratet, als ich mein erstes Tonbandgerät bekam. Meine Frau. [...] Wenn ich ›wir‹ sage, meine ich mein Tonbandgerät und mich. Manche Leute verstehen das nicht.« (PH, S. 32) Davon war auszugehen. Was aber alle verstanden, war die Tatsache, dass Warhol nahezu kein Gespräch mehr vorübergehen ließ, ohne es aufzunehmen. Alles wurde aufgezeichnet. Sein manischer Hang zum Sammeln brach sich hier Bahn, ähnlich wie in den zahllosen Polaroids, die er anfertigte.

Die Bedeutung der Factory als »In-Place« erreichte ihren

Höhepunkt 1965 mit der Party »The Fifty Most Beautiful People«, die Lester Persky veranstaltete. Zu den glamourösen Gästen gehörten u. a. Montgomery Clift, Judy Garland, Allen Ginsberg und Tennessee Williams. Auch die Universitäten wie z. B. die in Salt Lake City meldeten ihr Interesse an dem Szenekünstler an und luden Warhol zu Vorlesungen ein. Im Oktober 1967 begann er mit den Veranstaltungen. Nachdem er die ersten selbst gehalten hatte, engagierte er den Schauspieler Alan Midgette, der, als Warhol verkleidet, für weitere Vorlesungen ans Rednerpult trat. Der Betrug wurde entdeckt, und auch wenn Warhol seine Gage zurückgeben musste, bekam er doch gleichzeitig eine unbezahlbare Publicity in der gesamten Presse. Das Verwirrspiel bereitete ihm sichtlich Vergnügen, aber tatsächlich war er davon überzeugt, dass Alan Midgette für die Vorträge wesentlich besser geeignet gewesen war als das Original. Die öffentliche Aufmerksamkeit nutzte er gleich für die Werbekampagne zugunsten seines Geschenkbuchs *Andy Warhol's Index (Book)* und verwendete für das Cover ein Foto vom als Warhol auftretenden Midgette. Die Unauflösbarkeit der Frage nach Original und Fälschung, die Warhol in seiner Kunst thematisierte, spielte auch in dieser Geschichte eine Rolle.

Der Doppelgänger

Vgl. S. 113

Gegen Ende der sechziger Jahre wurde Warhols Leben in der Factory ruhiger. Mit dem Umzug in den sechsten Stock des Union Buildings, 33 Union Square West, im Februar 1968 vollzog sich ein Imagewandel, den vor allem Paul Morrissey zu verantworten hatte. Es gab keine ausschweifenden Partys mit Sex, Drogen und Alkoholexzessen mehr, stattdessen etablierte sich eine solide Büroatmosphäre, was sich auch in der Möblierung widerspiegelte. Zu dem seriösen Ambiente passte 1966 die Gründung der Factory Additions, einer Firma, die für die Produktion und den Vertrieb von Warhols Drucken zuständig war.

Warhols Interesse in dieser Zeit ging allerdings nach wie vor weit über Malerei, Siebdrucke und Filme hinaus. Zusammen mit The Velvet Underground veranstaltete er, zunächst unter dem Namen »Erupting Plastic Inevitable«, dann »Exploding Plastic Inevitable«, multimediale Events, d. h., er präsentierte die Musik der Band als psychedelische Licht- und Tonspektakel. Ab April 1966 mietete er den DOM (»The Polish National Home«, das DOM genannt wurde und im Greenwich Village lag) als Location für seine eigene Diskothek und vor allem als Proben- und Showraum für »Erupting Plastic Inevitable«. Die Wände wurden silbern gestrichen, es gab zahlreiche Scheinwerfer und Verstärker. Geboten wurde eine Multimedia-Show aus Musik, Tanz, Video, Film, elektronischer Licht- und Tonmischung. Auch wenn seine Shows für Furore sorgten, war diesem Projekt dennoch keine so nachhaltige Wirkung beschieden wie seiner Kunst.

> »Kommt verliert den Verstand/die Silber-Traum-Fabrik präsentiert das erste/ERUPTING PLASTIC INEVITABLE/mit Andy Warhol/The Velvet Underground/und Nico.« (Anzeige in *The Village Voice*, die für Warhols Diskothek wirbt; zit. n. SA, S. 79)

Licht und Schatten: Leben nach dem Attentat (1968-1987)

Land unbegrenzter Möglichkeiten IV

Am 4. April 1968 wurde Martin Luther King ermordet; am 3. Juni wurde während einer Wahlkampfreise auf Robert Kennedy geschossen, der den Folgen der Verletzung einen Tag später erlag. Als neuen Präsidenten wählte man Richard Nixon. Am 21. Juli 1969 betrat Neil Armstrong als erster Mensch den Mond. Die Proteste, die in der US-amerikanischen Bevölkerung gegen den Vietnamkrieg laut wurden, nahmen zu. Im November wurden Schritte unternommen, um das Wettrüsten zwischen den USA und der Sowjetunion einzudämmen: Die sogenannten SALT-Verhandlungen begannen. Im Jahre 1972 kam es zu Nixons denkwürdigem Besuch in Peking und seinem erneuten Gewinn der Präsidentschaftswahlen. Erst die Watergate-Affäre brachte ihn am 9. August 1974 zu Fall. Ein Jahr zuvor hatte der Vietnamkrieg geendet. Geschlagen zogen die USA ihre Truppen ab und mussten die Souveränität Vietnams anerkennen. Mit der Invasion Afghanistans durch die Sowjetunion entstand in der Welt 1979 ein weiterer Krisenherd. 1980 wurde Ronald Reagan Präsident der Vereinigten Staaten von Amerika, und in der Studie *Global 2000* entwarf man die ersten Schreckensszenarien zur Bevölkerungsexplosion und Umweltzerstörung. Reagan wurde vier Jahre später ein zweites Mal gewählt. Ein Jahr zuvor hatte man das Aids-Virus entdeckt. Im Februar des Jahres 1987, das nach dem großen Börseneinbruch vom 19. Oktober als Jahr des »Schwarzen Montags« bezeichnet wird, starb Andy Warhol.

Als großer Cineast hatte er 1968 den Kultfilm *2001: A Space Odyssee* erlebt. Ein Jahr später folgte *Easy Rider* von und mit Dennis Hopper. Mit *Uhrwerk Orange* sorgte 1970 Stanley Kubrick für Aufsehen. Musikalisch setzte 1969 das Musikfestival in Woodstock ganz neue Maßstäbe, die 1977, dem Todesjahr Elvis Presleys, vom aufkommenden Punk-Rock relativiert werden sollten. Zwei Jahre später erhielt der Film *Apokalypse Now* die Goldene Palme in Cannes. 1980 erschütterte das Attentat auf John Lennon die Welt und vor allem die Musikszene. Ab 1982 gab es mit den Yuppies eine strebsame Generation, die mit der Hippie-Bewegung der Siebziger nicht mehr als ihre Jugend gemein hatte. 1983 feierte man in New York mit einem von Warhol entworfenen Plakat das 100-jährige Bestehen der Brooklyn Bridge.

Dieses Projekt konnte Warhol nur verwirklichen, weil er 15 Jahre zuvor enormes Glück gehabt hatte: Am 4. Juni 1968 schaffte er es gänzlich unfreiwillig auf die Titelseiten der Morgenzeitungen. Die Rundfunkprogramme unterbrachen ihre gewohnten Sendungen, um von dem Attentat auf den berühmten Pop-Art-Künstler zu berichten. Allerdings überschlugen sich die Ereignisse an diesem Tag, denn auch auf Robert F. Kennedy wurde geschossen, und der Künstler Frank Stella sollte Recht behalten: »Bobby wird sterben, und Andy wird überleben.« (zit. n. SA, S. 91) Für Warhols Medienprä-

> »Vielleicht ist der Gedanke für viele schockierend, daß in dieser aus den Fugen geratenen Zeit eine gewisse Verwandtschaft zwischen Kennedy und Warhol besteht. Jeder von ihnen ist auf seine Weise ein Idol unserer Kultur – er stellt eine Macht dar, die für die Masse der Menschen Realität definiert, ob sie diese Realität nun liebt oder haßt.« (Artikel in der *Newsweek* vom 17. Juni 1968; zit. n. BO, S. 321)

senz war das Attentat auf Kennedy zweifellos ungünstig, aber dennoch zeigte sich an der ersten Reaktion der Öffentlichkeit, dass Warhol längst ein Star geworden war. Der Presserummel aufgrund des Attentats sorgte außerdem dafür, dass Warhol weit über die Grenzen des Kunstbetriebs bekannt wurde und die Preise für seine Werke förmlich explodierten. Bilder, die vorher 200 Dollar gekostet hatten, wurden nun für mehr als 15 000 Dollar verkauft. Die Preiseskalation zu diesem Zeitpunkt verdankte Warhol der militanten Frauenrechtlerin Valerie Solanas, Schriftstellerin und Gründerin der S.C.U.M. (»Society for Cutting Up Men«), die früher häufiger zu Gast in der Factory und Schauspielerin in Warhols Film *I, A Man* gewesen war. Über die Höhe der Gage kam es zum Streit, und Solanas, die zunehmend unter Wahnvorstellungen litt, wurde von Warhols engerem Kreis ausgeschlossen.

Valerie Solanas

Am 3. Juni tauchte sie erneut in der Factory auf. Als sie mit Warhol allein war, zog sie zwei Pistolen und schoss mehrmals auf ihn. Zu Protokoll gab sie später, sie habe das Attentat verübt, »weil er zuviel Macht über mein Leben hatte« (zit. n. BO, S. 331). Warhol wurde lebensgefährlich verletzt. Obwohl er für kurze Zeit als klinisch tot galt, überlebte er nach mehrstündiger Operation. Schon bald danach versuchte er sein vorheriges Leben wieder aufzunehmen; untrügliches Kennzeichen dafür waren die Telefonate, die er von seinem Krankenbett aus zu führen begann. Am 28. Juli verließ er das Hospital, am 5. September fing er wieder an zu arbeiten, obwohl das Attentat physische Spuren hinterlassen hatte. So musste er z. B. ein medizinisches Korsett tragen, und sein Körper war von Narben gezeichnet. Dies hielt ihn aber nicht davon ab, das Atten-

»Mir war sofort klar, daß Valerie aus Liebe auf Andy geschossen hat, und ich verstehe sie sehr gut, da ich ganz ähnliche Empfindungen hatte. Man flüchtete sich in heftige Reaktionen, weil man große Gefühle für Andy hatte, ihm aber aus irgendwelchen Gründen nicht näherkam. Er gab dir nicht, was du von ihm wolltest. Also ging ich weg. Sie schoß auf ihn.« (Die Journalistin Gretchen Berg, die Warhol 1966 und 1967 mehrfach interviewte; zit. n. BO, S. 333)

tat und seine Folgen mediengerecht zu vermarkten. Er ließ seinen vernarbten Körper vom berühmten Porträtfotografen Richard Avedon ablichten und von der Porträtistin Alice Neel malen. Legendär ist sein Kommentar zu den Verletzungen: »Ich sah aus wie ein Dior-Kleid, nein, wie ein Yves Saint-Laurent-Kleid, lauter Nähte.« (zit. n. Bauer 2004, S. 41) Aber trotz aller Lässigkeit hatte das Attentat auch emotional seine Spuren hinterlassen. »Ich hatte immer Angst, daß Verrückte genau das, was sie schon früher einmal getan haben, ein paar Jahre später wiederholen, ohne sich daran zu erinnern, daß sie's schon einmal gemacht haben – sie sind im Glauben, ihnen sei etwas völlig Neues eingefallen! Man hat 1968 auf mich geschossen, das war also die 68er Version. Und dann mußte ich immer denken: Ob wohl einer eine 1970er Neuauflage vorhat und wieder schießt?« (zit. n. SA, S. 97) Sein Umgang mit anderen Menschen sollte nie mehr so offen und ungezwungen sein wie vor dem Attentat, was sich vor allem auf die Atmosphäre in der Factory auswirkte, die inzwischen an den Union Square umgezogen war. Die lässigen Zeiten der sechziger Jahre, wo kommen konnte, wer wollte, wo sich die gesamte Underground-Szene in der Factory traf, waren un-widerruflich vorbei. Der Nachtmensch Andy Warhol ging abends nun brav gegen 20 Uhr nach Hause und nahm am öffentlichen Leben deutlich weniger teil.

»Mir wurde klar, es war reiner Zufall, daß uns bisher noch nie etwas Schreckliches zugestoßen war. Verrückte Typen hatten mich bisher immer fasziniert, weil sie so kreativ waren und deshalb auch unfähig, irgendwelche Sachen auf normale Weise zu tun. Eigentlich tun sie niemandem was an, sie sind nur in sich selbst wirr. Aber wie soll ich je wieder wissen, wer was ist?« (Warhol nach dem Attentat; zit. n. BO 1989, S. 334)

Aber seine gewohnte Rolle als Zuschauer, der darauf wartete, dass jemand vorbeikam, und sich Geschichten erzählen ließ, nahm er dann doch wieder ein: »Zwanghaft ging ich jeden Nachmittag zur Factory und brachte dort vier bis sechs Stunden zu, aber ich war durcheinander, denn ich malte dort nicht, und ich filmte dort nicht. Ich saß nur in meinem winzigen Büro und schielte hinaus nach vorne zu Paul und Fred, die sich um das Geschäft kümmerten. Wenn harmlos aussehende Freunde oder Freunde von Freunden vorbeischauten, kam ich heraus, nahm sie mit dem Tonband auf und fotografierte sie, und dann ging ich in mein Büro und wartete, dass jemand anderes vorbeikäme.« (zit. n. SA, S. 97)

Aus Angst vor einem weiteren Attentat ließ Warhol zur Einschüchterung eine Videoskulptur installieren, in der sich angeblich Überwachungskameras befanden. Gleichzeitig überantwortete er die Geschäfte zunehmend seinen Angestellten: Frederick »Fred« Hughes, seit 1967 Berater und Geschäftsführer in Warhols Firma, wurde Verwalter der Kunstmaschinerie, während die Filmproduktion weiterhin in den Händen von Paul Morrissey lag. Jed Johnson wurde offiziell der Nachfolger von Warhols langjährigem Assistenten Gerard Malanga und gleich auch der Lebensgefährte seines Arbeitgebers, in dessen Haus er lebte und den er während seines Genesungsprozesses betreute. Die Geschichte des Attentats selbst wurde 1996 unter dem Titel *I Shot Andy Warhol* von der kanadischen Regisseurin Mary Harron verfilmt.

Fred Hughes

Im Oktober, nur ein paar Wochen nach seiner Rückkehr in die Factory, drehte Warhol an einem einzigen Nachmittag den Film *Blue Movie*, der nach einer Woche Laufzeit in den Kinos von der Polizei wegen pornografischer Szenen beschlagnahmt wurde. Warhol sah in diesem Umstand einen Beweis dafür, dass Presse und Polizei gegen ihn und seine Factory seien. Um das vermeintlich beschädigte Ansehen zu reparieren, sorgte Morrissey dafür, dass die nun in der Factory vertretene Anti-Drogen-Haltung in der Presse bestens zur Geltung kam, eine Entwicklung, die durch den neuen Bürochef Vincent Fremont und die persönliche Sekretärin Pat Hackett, die beide ab 1969 bei Warhol angestellt waren, noch verstärkt wurde. Pat Hackett war es, die Warhols Tonband-Aufnahmen transkribierte und redigierte und dafür sorgte, dass seine eigenen Aussprüche eine charakteristische Note bekamen. Heute lässt sich unmöglich sagen, welche Bonmots wirklich von Warhol stammen.

Vgl. S. 110f.

Pat Hackett

Auch Warhols persönliche Beziehungen veränderten sich nach dem Attentat. Vor allem sein Kontakt zu Brigid Polk wurde immer enger. Der Superstar Viva, d.i. die angehende Schauspielerin Janet Susan Hoffman, beschrieb ihre Freundschaft als »die dauerhafteste Ehe von New York. Brigid war in seinem Leben die starke Frauengestalt.« (zit. n. BO, S. 346) Viva selbst sank in Warhols Gunst während der Monate nach dem Attentat – die neuen Stars wurden drei Transvestiten, Jackie Curtis, Candy Darling und Holly Woodlawn, die auch in einigen seiner Filme wie z. B. *Trash* auftauchten.

Vgl. S. 111f.

Das Jahr 1969 war für Warhols künstlerische Karriere zunächst nicht allzu günstig. Im März musste er sich einer weiteren Operation unterziehen. Nach diesem Krankenhausaufenthalt begann Warhol eine spezielle Diät einzuhalten, derentwegen er das Reformhaus Brownies als Lebensmittellieferanten für die Factory engagierte. Die Papiertüte von Brownies wurde in der folgenden Zeit sein Markenzeichen, denn er trug sie wie einen Talisman immer mit sich herum. Darin befanden sich die Polaroidkamera, das Tonbandgerät und Ersatzkassetten.

Neues Medium

Er war immer auf der Suche nach neuen Ideen und Medien – und fand diese z. B. in den Polaroidfotos, die er wie ein Besessener anfertigte. Bevorzugtes Thema waren dabei zunächst die Genitalien der männlichen Factory-Besucher. Er selbst schrieb dazu: »Wann immer jemand in die Factory kam, ganz egal wie normal er aussah, bat ich ihn, seine Hosen auszuziehen, damit ich seinen Schwanz und seine Eier photographieren konnte. Es war schon erstaunlich, wer es mich tun ließ und wer nicht.« (zit. n. BO, S. 350) Eine weiterreichende Verwendung hatte Warhol für die Tausende von Fotos allerdings nicht.

In der Kunstszene verlor der Nimbus des Medienstars ab dieser Zeit langsam an Glanz. Warhols unreflektierter Kontakt mit Leuten aus dem Umkreis des Schah von Persien oder des philippinischen Diktators Marcos wurde ihm vom politisierten Publikum der siebziger Jahre übel genommen. Die Krise in seinem künstlerischen Schaffen brachte ihn denn auch auf das Cover der Zeitschrift *Esquire*, die im Mai 1969 als Titelgeschichte »Der endgültige Abstieg und Zusammenbruch der amerikanischen Avantgarde« brachte und eine Karikatur abbildete, die den in einer Campbell's-Suppendose ertrinkenden Warhol zeigt. Diese Entwicklungen ließen die lang gehegten Ambitionen Warhols, in Hollywood Filme zu drehen, zur Illusion werden. Um Geld zu verdienen, zeigte er stattdessen in einem heruntergekommenen Theater Männerpornos. Der neu angelaufene Film *Blue Movie* fand zwar einige Beachtung, war aber keineswegs ein Kassenschlager. Das änderte sich mit dem Film *Trash*, der 1970 in die New Yorker Kinos kam und insgesamt 1,5 Millionen Dollar einspielte. *Trash* war streng moralisch und thematisierte die Gefahr der Drogen. Sein Nachfolger, *Women in Revolt*, erlitt das für Warhols Filme übliche Schicksal, d. h. er wurde zwar von der Kritik relativ gut besprochen, fand aber wenige geneigte zahlende Zuschauer.

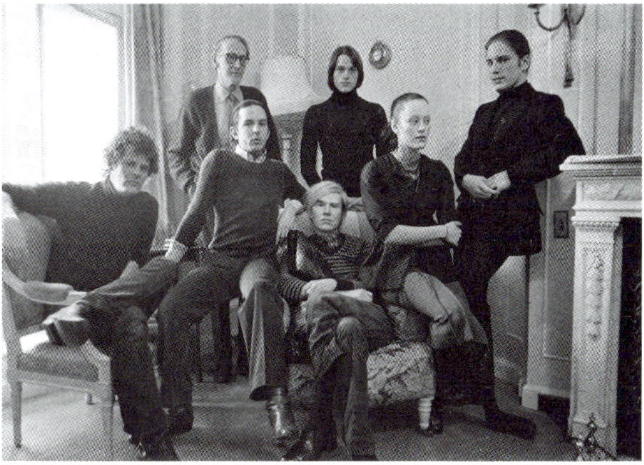

Im Londoner Ritz bei einer Promotion-Tour von *Trash*, einem der wenigen kommerziell erfolgreichen Filme Warhols: Paul Morrissey, Fred Hughes, Andy Warhol, Jane Forth (v. li. n. re., sitzend) und Maurice Bradell, Jed Johnson und Joe Dallesandro (stehend)

Der ausbleibende Erfolg des Großteils seiner Filme war auch ein Anstoß – neben der Aussicht auf zusätzliche Publicity – für ein neues Projekt. 1969 brachte Warhol zusammen mit dem Journalisten John Wilcock die erste Ausgabe von *inter/View* auf den Markt, einer Underground-Filmzeitschrift, die monatlich erschien und zunächst nicht sehr gewinnbringend war. Bald wurde die Zeitschrift in *Interview* umbenannt, und als sich Wilcock ein Jahr später aus dem Unternehmen zurückzog, nannte Warhol sie schlicht *Andy Warhol's Interview*. 1973 hatte Fred Hughes dann die rettende Idee für das kränkelnde Blatt: »Verzichten wir auf die Idee eines Underground-Filmjournals, das von Literaten und Künstlern geschrieben wird, und machen etwas ganz anderes. Machen wir daraus ein Magazin für Leute wie uns!« (zit. n. BO, S. 402) Es entwickelte sich nun das erste Zeitgeist-Magazin, das Klatsch und Tratsch als ästhetische Komponente benutzte und sich vor allem an die Yuppies wandte. Für diese Zeitschrift fertigte Warhol zahllose Tonbandaufnahmen und Fotos von allen Stars der New Yorker Szene an. Dabei ging es ihm und seinen Kollegen vor allem darum, die alkoholisierten und Drogen konsumierenden Prominenten zu düpieren und bloßzustellen.

»Wir wenden uns an Leute, die gern viel Geld ausgeben. In unserer Gesellschaft gibt es einen starken Trend zur Genußsucht, und wir befürworten das. Wir sind nicht sehr am Journalismus interessiert, wir sind lieber Trendsetter. Wir sind die ›Vogue‹ des Entertainments.« (Bob Colacello, Herausgeber von *Interview*; zit. n. BO, S. 402)

Theaterautor Auch die Bretter, die die Welt bedeuten, wurden von Warhol erobert. 1970 versuchte er sich als Theaterautor und veröffentlichte außerdem sein erstes – und auch einziges – Filmdrehbuch bei Grove Press. Ein Jahr später wurde sein Theaterstück *Pork* in New York und London aufgeführt, der Erfolg hielt sich allerdings sehr in Grenzen; das Stück wurde bald wieder abgesetzt.

Während Warhol um neue Betätigungsfelder rang und mit seinen Projekten seinem einstigen Ruhm erfolglos hinterherlief, fanden seine Arbeiten aus den frühen sechziger Jahren sowohl in den USA als auch in Europa größten Anklang. So zeigte vom 10. Februar bis zum 17. März 1968 das Moderna Museet in Stockholm eine erste europäische Retrospektive. Die Ausstellung wanderte anschließend ins Stedelijk Museum

Amsterdam, in die Kunsthalle Bern und ins Kunstnernes Hus in Oslo. Vom 27. Juni bis zum 8. Oktober des Jahres nahm Warhol an der documenta 4 in Kassel teil. In der Nationalgalerie Berlin wurde vom 1. März bis zum 14. April 1969 eine Ausstellung seines Werks gezeigt. Ein Jahr später eröffnete das Pasadena Art Museum eine umfassende Warhol-Retrospektive, die dann nach Chicago, Eindhoven, Paris, London und schließlich auch ins Whitney Museum of American Art nach New York ging. Allmählich entwickelte sich Warhol zum globalen Künstlerstar, und es wundert daher nicht, dass in dieser Zeit der Verkauf eines Suppendosen-Bildes den spektakulären Preis von 60 000 Dollar erzielte. Damit war es das teuerste Werk eines lebenden amerikanischen Künstlers, das bis dahin auf einer Auktion unter den Hammer gekommen war.

Anfang der Siebziger begann Warhol sich wieder mit neuen Themen zu beschäftigen, z. B. den Mao-Porträts, den Porträts von Mick Jagger und der Serie von Homosexuellen und Transvestiten mit dem Titel *Ladies and Gentlemen*. Mit der Auftragsarbeit *Vote McGovern*, einem Wahlplakat für den Präsidentschaftskandidaten der Demokraten, Senator George McGovern, mischte er sich in die aktuelle Politik ein und handelte sich dadurch bis zu seinem Tode verschärfte Kontrollen durch die Steuerbehörde ein.

***Vote McGovern*, vgl. Abb. S. 92**

Auch wenn Warhol selbst betonte, dass alle seine Themen vollkommen unpolitischer Natur seien und keine wie auch immer gearteten inhaltlichen Überzeugungen transportierten, kamen seine Bilder in Europa gut an und wurden entgegen der Aussage ihres Schöpfers durchaus auch politisch interpretiert. Dazu gehörten das Porträt von Willy Brandt, das 1976 entstand, ebenso wie die *Hammer-and-Sickle*-Serie sowie das Porträt von Joseph Beuys und das Wahlplakat für die Grünen. Vor allem auf dem deutschen Kunstmarkt boomte die Marke Andy Warhol. Zwischen großen Sammlern wie Erich Marx und Charles Saatchi entbrannte fast ein Wettstreit um die größte Warhol-Sammlung. Dem Künstler selbst konnte dies nur recht sein, denn ein besseres Marketing hätte er kaum lancieren können. In der Gewissheit, dass sein Stern am Kunsthimmel funkelte wie nie, begann Warhol mit den

***Hammer-and-Sickle*-Serie, vgl. S. 87 f.**

Reversals und *Retrospectives*

Serien der *Reversals* und *Retrospectives*, in denen er die Themen seiner frühen Werke aufgreift: Marilyns, Autounfälle und Suppendosen der Firma Campbell tauchen wieder auf – und werden erneut begeistert gekauft. In den *Reversals* werden frühere Motive in veränderter Farbgebung wiederholt, während in den *Retrospectives* alte Bilder Warhols neu zusammenkomponiert werden. Dazu malte er als neue Themenkomplexe Totenköpfe, Dollarzeichen und Waffen. Schließlich kehrte er in gewissem Sinne ganz an den Anfang seiner Karriere zurück und bemühte erneut Comic-Ikonen wie Mickey Mouse und Superman in seiner Serie *Myths*.

Vermutlich war der Erfolg dieser Werke dafür verantwortlich, dass sich Warhol auch offiziell wieder der Malerei zuwandte. Denn im Grunde hatte er diesen Zweig seiner Arbeit nie in dem Maße aufgegeben, wie er es so drastisch angekündigt hatte. Immer wieder waren Drucke und Bilder enstanden; allein schon um Geld zu verdienen, lehnte Warhol auch auf diesem Gebiet selten Aufträge ab. Mittlerweile knipste er nicht mehr nur Polaroidfotos mit sexuell konnotiertem Sujet. Vor seine Linse kamen nun alle Schönen, Reichen und Prominenten, die er auf den diversen Veranstaltungen traf. Von den Fotos fertigte er Siebdrucke an, die unter dem Titel

Serie der »Beautiful People«

Beautiful People zusammengefasst wurden. Diese Porträts verkauften sich außerordentlich gut. Warhol verdiente mit ihnen 1974 über eine Million Dollar und entwickelte damit ein eigenes demokratisches Medium. Jeder Porträtierte wurde gleich behandelt, musste Modell für die Fotos sitzen und konnte sein Bildnis als Siebdruck für den gleichen Preis erwerben, zu dem auch die Bilder anderer Prominenten verkauft wurden. Als Assistent zur Herstellung und Kolorierung der Siebdrucke stand Warhol der junge Künstler Ronnie Cutrone zur Seite.

Fred Hughes, bei dem seit 1967 die wirtschaftliche Leitung des Warhol-Imperiums lag, sorgte dafür, dass sein Chef in Werbespots u. a. für Fluglinien, Jeans-Marken und Elektronikfirmen auftrat und auch damit viel Geld verdiente. So blieb er im Bewusstsein der kaufkräftigen potentiellen Kundschaft stets präsent – und dies zahlte sich in barer Münze aus. Die war auch bitter nötig, denn große Summen seines Vermögens gab Warhol aus, um seine notorische Kauf- und Sammelwut zu befriedigen. Immer wieder zog er über die Flohmärkte und brachte es selten über sich, nichts zu erstehen. Von 1969 / 70 an sammelte er bevorzugt Art déco und indianisches Kunsthandwerk. Für seine Art-déco-Sammlung reiste er oft nach Paris und versammelte auch dort, in seiner neu gekauften Wohnung am Montmartre, illustre Bewunderer und Prominente wie Paloma Picasso, Yves St. Laurent und Eric de Rothschild um sich. Vor allem in Paris wurde Warhol zu dem Superstar, der er schon immer hatte werden wollen. Aber auch seine Erfolge in London mit der Retrospektive 1971 in der Tate Gallery und in Deutschland waren grandios.

»Es gab mehrere große Warhol-Sammlungen in Deutschland, und dort existierten sozusagen zwei Warhol-Gemeinden: die Kunstinteressierten und jene, die ihn als Underground-Filmer bewunderten. Als seine Filme in den späten sechziger Jahren zum ersten Mal in Deutschland aufgeführt wurden, hielt man sie für die Underground-Filme schlechthin. Durch seine Filme wurde er zur Kultfigur, und ihn umgab auch eine Art Mythos, da er vor 1971 nie in Deutschland aufgetaucht war.« (Heiner Bastian, Kunstsammler und Kurator; zit. n. BO, S. 374)

Der endgültige Durchbruch für den bildenden Künstler Andy Warhol kam dann auch in den USA mit der Ausstellung im Whitney-Museum in New York, die am 26. April 1971 eröffnete. Warhols Erscheinen mit seinem Gefolge ließ die Vernissage zu einem Happening werden und katapultierte ihn selbst zurück in das abgefahrene Nachtleben New Yorks und seine neuen Arbeiten auf den amerikanischen Kunstmarkt.

Entscheidend für seinen neuen Ruhm waren sicherlich auch die Verflechtungen mit den Rolling Stones. Warhol war es, der das berühmte Logo für die Plattenfirma seines Freundes Mick Jagger, den roten Mund mit der herausgestreckten Zunge, entwarf, und für die Platte *Sticky Fingers* konzipierte er eine ungewöhnliche Hülle mit der Abbildung einer Jeans auf Vorder- und Rückseite, deren Reißverschluss sich öffnen ließ, so dass eine weiße Unterhose sichtbar wurde. Virtuos machte sich Warhol den Prominentenstatus seiner Freunde und Auf-

Rolling Stones

traggeber für die eigene Publicity zunutze und bewies erneut sein beeindruckendes Talent zur Selbstvermarktung.

Sein Manager Fred Hughes sorgte dafür, dass die Geldmaschine Andy Warhol aus der Rückkehr zur Malerei Profit schlug. Sämtliche seiner Werke wurden auch als Drucke reproduziert und in preiswerteren signierten Mappen verkauft. Gleichzeitig arbeitete Warhol nur noch nach Auftrag – und das Geschäft blühte. Die Herstellung der begehrten Siebdrucke, die Redaktionsbüros seiner Zeitschrift sowie die stetige Filmproduktion und seine Sammelleidenschaft führten unweigerlich dazu, dass die Räumlichkeiten der Factory am Union Square zu klein wurden. Nicht nur die Kauforgien waren der Grund dafür, dass die Dinge sich stapelten: Nachdem Warhol wegen seines McGovern-Wahlplakats ins Visier der Steuerbehörde geraten war, begann er, jeden Kassenzettel, jeden Beleg und jede Quittung aufzuheben. Ab 1972 diktierte er außerdem Pat Hackett ein Finanztagebuch, das erst nach seinem Tod als Teil seines eigentlichen Tagebuchs erschien.

Ausbeute eines notorischen Sammlers

Aus den frühen Siebzigern stammen auch die ersten von insgesamt 600 sogenannten *Time Capsules* (Zeitkapseln), Umzugskartons, in denen Warhol alles verpackte, was ihm in irgendeiner Weise wichtig erschien.

»Tennessee Williams hebt alles in einem Schrankkoffer auf und schickt ihn anschließend in ein Lager. Ich habe auch mit Schrankkoffern und komischen Möbelstücken angefangen, aber dann ging ich auf die Suche nach etwas Besserem, und jetzt tue ich alles in gleich große braune Pappschachteln mit einem farbigen Aufkleber an der Seite für jeden Monat des betreffenden Jahres. Ich hasse wehmütige Erinnerungen, und im tiefsten Inneren hoffe ich daher auch, daß die Schachteln alle verloren gehen, damit ich sie nie wieder durchzusehen brauche … Sobald ich etwas bekomme, möchte ich es am liebsten gleich aus dem Fenster werfen, aber statt dessen sage ich danke und lege es in die Schachtel des Monats.« (Andy Warhol; PH, S. 131 f.)

Da alles wichtig war, nahmen die gesammelten Objekte immer mehr Raum ein. Ausreichend Platz dafür fand sich 1974 am Broadway 860. Hier wurde endlich auch eine echte Alarmanlage installiert, denn Warhols Sorge vor erneuten Attentaten hatte sich im Laufe der Jahre keineswegs gelegt. Die wenigen Superstars aus vergangenen Tagen, die sich noch an der Rezeption meldeten, wurden abgewimmelt, Warhol wollte sich von den früheren Zeiten distanzieren. Die in einem mit Art-déco-Möbeln ausgestatteten Konferenzraum servierten Business Lunches entsprachen den Gepflogenheiten der internationalen Jet-Set-Gesellschaft.

Warhols Tagesablauf sah nun folgendermaßen aus: Zuerst diktierte er Pat Hackett von zu Hause aus telefonisch, was er am Tag zuvor gemacht hatte. Nach einem Einkaufsbummel aß er mittags mit Kunden im Büro, um im Anschluss daran zu arbeiten. Abends zog er von Vernissage zu Vernissage, von Empfang zu Empfang, von Party zu Party und landete schließlich in der Diskothek. Nachdem er sich unmittelbar nach dem Attentat aus dem Nachtleben zurückgezogen hatte, begann er nun wieder in der Partyszene aufzutauchen. Er wurde Stammgast der 1977 eröffneten Diskothek Studio 54, einem der angesagten Orte New Yorks. »Es ist der Schlüssel zum Erfolg von Studio 54, daß am Eingang Diktatur herrscht, auf der Tanzfläche jedoch Demokratie. Es ist schwer reinzukommen, aber sobald man mal drin ist, könnte es passieren, daß man plötzlich mit Liza Minnelli tanzt […]. Im Studio 54 sind die Stars nichts, weil jeder ein Star ist.« (Warhol, zit. n. BO, S. 431) Der veränderte Tagesablauf brachte auch gewisse Korrekturen von Warhols Outfit mit sich. Er trug nun Samtjacketts, schicke Hemden, Krawatten und hochhackige Stiefel. »Alle wollen sich wieder schön anziehen. Mit dem Hippie-Look ist es vorbei«, so lautete die neue Devise (Warhol, zit. n. BO, S. 380). Zu Warhols Freunden zählten Rockgrößen wie Mick Jagger, David Bowie und John Lennon; wieder einmal war es ihm gelungen, im richtigen Moment das richtige Gespür zu haben und seine persönliche Entwicklung mit dem Zeitgeist in Einklang zu bringen. Aber auch andere Rockmusiker wie die Talking Heads, Blondie und The Clash gehörten zum Kreis der Warhol-Bewunderer und kamen in die Factory,

Studio 54

»Sex und Partys sind das einzige, wo man persönlich erscheinen muß.« (Andy Warhol; zit. n. SA, S. 127)

um ihn zu treffen und der eigenen Publicity wegen in seiner Zeitschrift aufzutauchen. Warhols Talent bestand u. a. darin, so unterschiedliche Bereiche wie bildende Kunst, Printmedien, Film und schließlich auch Fernsehen für denselben Zweck, nämlich die Steigerung seines Ansehens, zu nutzen. Um dieses Ziel zu erreichen, spielten Partys eine entscheidende Rolle – denn nirgendwo war es leichter für ihn, Kontakte zu knüpfen und gesehen zu werden, ohne selbst pausenlos im Rampenlicht zu stehen. Der Voyeur Warhol war auf Partys so gut wie nirgendwo sonst aufgehoben, und er war sich dessen bewusst: »Der Trick ist eben, an NICHTS zu denken. Sieh mal, B: NICHTS ist aufregend. NICHTS ist sexy. NICHTS ist nicht peinlich. Es gibt nur einen Fall, in dem ich ETWAS sein will, und zwar dann, wenn ich zu einer Party keine Einladung bekommen habe, aber unbedingt dabeisein will.« (PH, S. 16)

Ein alter Traum von Andy Warhol erfüllte sich schließlich ebenfalls noch. Seit 1969 hatte auf seiner Liste der Begehrlich-

Fernsehstar

keiten eine eigene Fernsehshow gestanden, die den mitreißenden Titel *Nothing Special* bekommen sollte. Neun Jahre später und um einige Erfolgserlebnisse reicher nahm Warhol das Projekt dann ernsthaft in Angriff und suchte sich einen Produzenten. Das Treffen mit Lorne Michaels, der bei der NBC eine satirische Show *Saturday Night Life* ins Leben gerufen hatte, verlief allerdings nicht nach Wunsch, da Warhol sich von Michaels bevormundet fühlte. Er schlug das gute Angebot aus und produzierte schließlich ein halbes Jahr später seine eigene Show fürs Kabelfernsehen, *Andy Warhol's TV*, die 1982 gesendet wurde. Ab 1986, bis zu seinem Tod, wurde dann auf MTV die Serie *Andy Warhol's 15 Minutes* gezeigt. Es gab Klatsch, Tratsch und Plaudereien sowie Hausbesuche bei aufstrebenden Rockstars wie Debbie Harry von Blondie. Die Show galt als visueller Vorläufer der Musikvideos der achtziger Jahre – damit stellte Warhol einmal mehr sein Potential als Trendsetter und seinen Spürsinn für zukünftige Genres unter Beweis.

Leider ließ ihn sein Gespür bei privaten Beziehungen öfter im

Jed Johnson

Stich. Seit er 1968 Jed Johnson kennengelernt hatte, war die Beziehung der beiden sehr eng geworden. Während Warhols

Rekonvaleszenzphase hatte Johnson den Kontakt zur Factory gehalten, und er war es auch, der für das private Warhol'sche Domizil zuständig war, sowohl für dessen Einrichtung als auch für das Freihalten von Wohnraum, denn wenn es nach Warhol gegangen wäre, hätte sich das Haus in kürzester Zeit in eine überdimensionale Rumpelkammer verwandelt. Johnson kümmerte sich außerdem rührend um Warhols Mutter, die nach einem Schlaganfall im Februar 1971 geistig immer verwirrter wurde. Warhol brachte sie schließlich zu seinem Bruder nach Pittsburgh, wo sie nach einem zweiten Schlaganfall am 22. November 1972 starb. Ihr berühmter Sohn war zu diesem Zeitpunkt in Los Angeles, erfuhr erst nach seiner Rückkehr von ihrem Tod und hat ihn gegenüber Freunden und Bekannten auch lange Zeit nicht erwähnt.

Trotz aller Unterstützung, die Warhol von seinem Lebensgefährten erfahren hatte, begann die Beziehung Mitte der siebziger Jahre zu kriseln. Nachdem der letzte Warhol-Film, *Bad*, bei dem Johnson Regie geführt hatte, ein Flop geworden war, hatte sich dieser vom gesellschaftlichen Leben zurückgezogen und das Feld Fred Hughes, dem Bürochef Vincent Fremont und dem Schriftsteller Bob Colacello überlassen, die nun zu Warhols ständigen Begleitern wurden. Warhols Lebensphilosophie, wie er sie in *Die Philosophie des Andy Warhol von A bis B und zurück* beschreibt, scheint zwar in Bezug auf Johnson lange funktioniert zu haben, aber letztlich scheiterte sie dann doch: »[...] sie [meine Lebensregel, Anm. d. V.] besteht aus drei Teilen: (1) Beklage dich niemals über eine Situation, während die Situation noch akut ist; (2) wenn du es nicht glauben kannst, dass das alles wirklich passiert, dann tu so, als sei's ein Film; (3) und wenn die Situation vorüber ist, dann such dir einen, dem du die Schuld gibst, und sorge dafür, dass er das nie vergisst. Wenn derjenige, dem du die Schuld gibst, schlau ist, wird er seine Witzchen dazu machen, und immer, wenn die Sprache darauf kommt, könnt ihr beide darüber lachen, und dann kann die schreckliche Situation im nachhinein noch eine lustige Sache werden. (Aber es hängt alles davon ab, wie gnadenlos du den, dem du die Schuld gibst, zur Schnecke machst, denn er wird nur dann einen Witz aus der Sache ma-

Bad, vgl. S. 112

chen, wenn er verzweifelt ist, und je größer die Verzweiflung ist, in die du ihn treibst, desto besser wird der Witz, den er schließlich daraus macht.)« (PH, S. 182) Im Falle von Jed Johnson wurde kein guter Witz daraus: 1980 zog er aus der gemeinsamen Wohnung aus.

Obwohl Warhol bereits mehrere schmerzhafte Trennungen erlebt hatte, bedeutete der Bruch mit Johnson eine kleine persönliche Katastrophe. Auch wenn er sich nach Möglichkeit nichts anmerken ließ und wie immer versuchte, den Verlust mit gesteigertem Arbeitseinsatz und noch größerer Kaufkraft zu kompensieren, geriet er doch zum ersten Mal seit Jahren in den Bannkreis der Drogen. Er fing an zu trinken, nahm Valium und Aufputschmittel. Erst durch die Beziehung zu Jon Gould, den er 1980 kennenlernte, bekam er sein Leben wieder in den Griff. Gould erkrankte jedoch 1984 an Aids und verließ seinen Freund ein Jahr später; wieder ein schmerzhafter Einschnitt für Warhol, wenn auch nicht mit so katastrophaler Wirkung wie bei der Trennung von Johnson.

Bis in den Februar 1987 behielt Warhol sein gewohntes Leben bei, ging auf Partys, traf sich bzw. telefonierte mit Freunden und erledigte Auftragsarbeiten wie *Ten Portraits of Jews of the Twentieth Century.* In den achtziger Jahren kam er auf das Thema der Paraphrasen von großen Gemälden aus der Kunstgeschichte zurück und malte Bilder u. a. nach Botticelli, Munch, de Chirico und als letzten großen Werkzyklus über 100 Arbeiten nach Leonardos *Das letzte Abendmahl* in Mailand.

The Last Supper, vgl. S. 104 f.

Am Morgen des 22. Februar 1987 starb Andy Warhol überraschend an den Komplikationen einer Gallenblasenoperation im New York Hospital. Nach dem Obduktionsbericht erlitt er im Schlaf einen Herz-Lungen-Stillstand. Die Nachricht von seinem Tod ging um die ganze Welt – in zahlreichen Nachrufen wurde er als Star, der u. a. aus einer Suppendose einen Kultgegenstand gemacht hatte, geehrt, als Stilikone. Beigesetzt wurde er im engen Familienkreis in Pittsburgh. An der Messe in der St. Patrick's Cathedral in New York am 1. April 1987 nahmen über 2000 Trauergäste teil.

Sein Nachlassverwalter wurde Fred Hughes. Warhols Vermö-

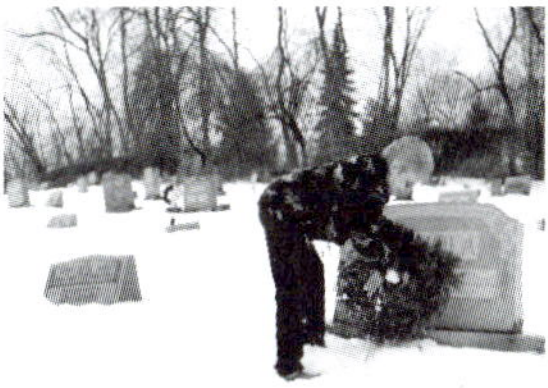

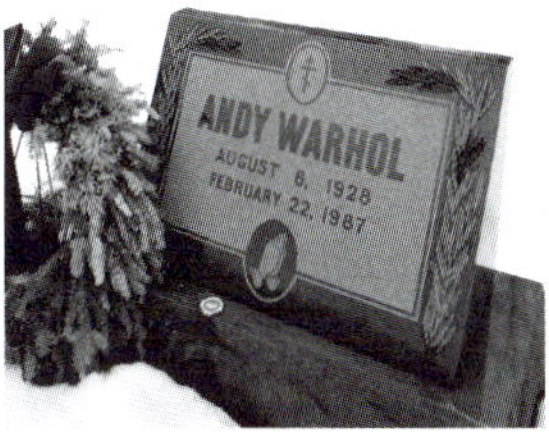

Warhols Grabstein auf dem St. John the Baptist Byzantine Cemetery in Pittsburgh

gen, das auf über 100 Millionen geschätzt wurde, ging an die Familie und an die »Andy Warhol Foundation for the Visual Arts«. Seine Haltung zum Tod, die er in *Die Philosophie des Andy Warhol von A bis B und zurück* in zwei Punkten formuliert hat, sollte sich sowohl in seinem überraschenden Ende als auch in seinem nicht enden wollenden Ruhm bewahrheiten: »Ich glaube nicht daran [an den Tod, Anm. d. V.], weil man dann nicht mehr da ist und gar nicht mehr mitbekommt, dass es passiert ist. Ich kann nichts zum Thema sagen, weil ich nicht darauf vorbereitet bin.« (PH, S. 115)

Werk

Einleitung

Im Werk Warhols finden sich einige Arbeiten und Motive, die längst im optischen Gedächtnis des 20. Jahrhunderts gespeichert sind und Teile des Bildkanons formulieren, der das Kunst- und Kulturverständnis der westlichen Moderne des vergangenen Jahrhunderts geprägt hat. Gleichzeitig sind seine gemalten Werke zu Inkunabeln einer Massenkultur geworden, die eben diese zur Disposition stellen. Die Frage, wie ein Kunstwerk zu einem gültigen Bestandteil des kulturellen Gedächtnisses werden kann, lässt sich im Falle Warhols beantworten: Bei ihm liegt es an der genialen Kombination von eingängigem Motiv, prägnanter künstlerischer Bearbeitung, massenhafter Vervielfältigung, ästhetischer Ausgewogenheit, subtiler semantischer Dimension und zeitgemäßer Innovation, die er bereitwillig zur Herstellung seiner Kunstwerke nutzte. Er machte von der Technik des Siebdrucks ebenso Gebrauch wie von den aktuellsten Möglichkeiten der Film- und Videokameras. Thematisch wie technisch war er auf der Höhe seiner Zeit, einer der ersten Multimedia-Künstler avant la lettre, wobei er die einzelnen Medien noch fein säuberlich getrennt verwendet. Seine Malerei und seine Filme spielen in unterschiedlichen Arenen, wenngleich gelegentlich um denselben Pokal: Ob als Maler, Druckgrafiker, Objektkünstler oder Filmemacher, Warhols Ziel war der Ruhm, aber auch der Spaß an der Arbeit.

Gesellschaftskritik?

Über das Ausmaß seiner Gesellschaftskritik lässt sich unter dieser Prämisse daher nur spekulieren. Ist seine Themenwahl einem eigenen politischen Standpunkt geschuldet oder doch eher klugen Marketing-Überlegungen? Kann man anhand der Porträtierten Rückschlüsse auf Warhols persönliche Vorlieben und politische Überzeugungen ziehen? Warhol war gewiss nicht so naiv, wie er sich in zahlreichen Interviews gab, er war aber sicherlich auch kein theoretisch versierter Künstler wie z. B. Marcel Duchamp. Zweifellos gingen die damaligen gesellschaftlichen und politischen Missstände nicht spurlos an ihm vorüber, er hat sie aber auch nicht zum Fokus seines

Werks gemacht. Zwar lehnte er es ab, Ronald Reagan zu porträtieren, aber ob er sein *Vote McGovern*, das Porträt von Willy Brandt, das Wahlplakat für Die Grünen aus politischer Überzeugung anfertigte, bleibt fraglich. Viel eher lassen sich seine Arbeiten wie Blicke durch eine Lupe verstehen. Der Künstler lenkt die Aufmerksamkeit des Betrachters auf ein Objekt oder einen Menschen, verändert den Ausschnitt so, dass die Restwelt zurückbleibt. Die Lupe zeigt einen minimalen Ausschnitt der Wirklichkeit, ins Absurde vergrößert – und verändert damit die Wahrnehmung. In der detaillierten Fokussierung liegt der Witz seiner Kunst. Dass er ein Detail der Wirklichkeit dem einzelnen Betrachter zur Reflexion darbietet, macht die eigentliche Größe seiner Werke und auch ihre Zeitlosigkeit aus, infolge derer seine schlichten Motive seit langem sowohl für jährliche Kalenderblätter wie für gut besuchte Ausstellungsräume und sensationelle Verkaufspreise sorgen.

Details in Großaufnahme

Die Wirkung seiner Werke rührt aber noch von einem anderen Aspekt, der ähnlich zu werten ist wie die Vergrößerung: Einerseits separiert Warhol Einzelmotive aus der Umwelt, um sie andererseits in Serie zu wiederholen. Warhols künstlerische Innovation besteht in der seriellen Reihung innerhalb einer Bildfläche, der Motivwiederholung im Einzelbild. Grundsätzlich gibt es zwei unterschiedliche Konzepte des Seriellen: zum einen die Serie von Einzelbildern und zum anderen das Einzelbild mit Serien desselben Motivs. Dieses wird durch grobe Drucktechnik simplifiziert, um dann in weiteren Arbeitsschritten wieder verfremdet zu werden. »In der seriellen Reihung wird ebenso Inhaltsfülle suggeriert wie auch grenzenlose Langeweile und damit in letzter Konsequenz Leere.« (Schulz-Hoffmann 1998, S. 10) Die Serie gleicher Motive liefert dem Betrachter immer wieder Vorwände, die plakative Wirkung des Dargestellten auf hintergründige Bedeutungsebenen hin zu befragen.

Das Serielle

»I like the idea that you can say the opposite.« (Andy Warhol; zit. n. Schulz-Hoffmann 1998, S. 10)

Das Thema der Wiederholung hatte schon das Kind Andy fasziniert, und auch der erwachsene Künstler war davon begeistert. Der Reiz lag dabei für Warhol in der nur scheinbaren

Gleichheit der Motive. Auch wenn er einen Gegenstand tatsächlich immer wieder malte, ohne Blickwinkel, Lichteinfall, Linienführung oder die Umgebung zu verändern, weisen die einzelnen Werke doch Unterschiede auf. In dem Moment, wo der Künstler als verändernde Komponente in den Kunstprozess eingreift, entstehen zwar Serien des Gleichen, aber mitnichten gleiche Serien. John Cage hat das folgendermaßen umschrieben: »Die Bedeutung Warhols liegt darin, mit den Mitteln der Wiederholung gezeigt zu haben, daß es keine Wiederholung gibt.« (zit. n. SA, S. 150)

210 Coke Bottles, 1962

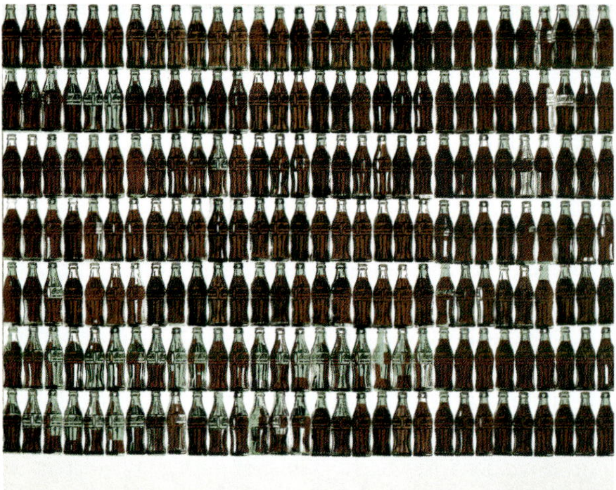

Warhol spielte den für ihn zentralen Aspekt der Serie in seinen berühmten Reihen der Monroe oder der elektrischen Stühle aus – und setzt visuell vehemente Akzente durch schlampigen Druck, ungenau übereinanderliegende Flächen und durch variable Farbgebung. Die bei den Campbell's-Dosen oder bei den Dollarscheinen und Cola-Flaschen nur minimal sichtbaren Unterschiede werden später zum Markenzeichen seiner Serien. Man könnte das die Visualisierung der Abweichung nennen. Immer haarscharf neben der Norm lag das, was Andy Warhol suchte und in seinen großen Siebdruckserien der sechziger Jahre auch gefunden hat.

Dies betrifft alle thematischen Komplexe, die das Werk Warhols ausmachen und die im Folgenden in einzelnen Kapiteln zusammengefasst werden. Dabei bedient sich Warhol jedes dieser Komplexe zu jeder Zeit, weshalb sie alle in den sechziger Jahren ihren Anfang nehmen und bis zu seinem Lebensende nebeneinander auftauchen.

Seine ersten Gemälde, die um 1960 entstehen, warten noch nicht mit zielgerichteten Abwegen auf und müssen insofern als Frühwerk eingestuft werden. Zunächst malte er eine Serie mit großen Schwarzweiß-Bildern. Als deren Hauptthema wählte Warhol die Reklame, und zwar für so unterschiedliche Dinge wie Perücken, Nasenoperationen, Fernsehgeräte und Konserven. Für seinen Biographen Bockris waren diese Gemälde allerdings wenig beeindruckend: »Er [Warhol] wählte die simpelsten, dümmsten, billigsten Illustriertenanzeigen, fertigte Dias an und projizierte sie auf die leeren Leinwände. Dann malte er einen zersplitterten Teil der Annonce in Schwarz nach und ließ dabei die Farbe wahllos herumspritzen und -tropfen. Die Gemälde waren häßlich und banal, suggerierten aber Zorn und Verachtung.« (BO, S. 137) Die Verachtung, die Warhol damit ausdrücken wollte, richtete sich in ganz besonderem Maße gegen den Abstrakten Expressionismus, die Kunstrichtung, die das Gestische als entscheidenden Aspekt der Kunst hervorhob. Sie ist u. a. gekennzeichnet durch schnelle, im fertigen Werk sichtbare Pinselstriche, die die gesamte Fläche des Bildes überziehen können (Technik des All-Over), auf sehr großer Leinwandfläche. Der Abstrakte Expressionismus ist die genuine amerikanische Kunstrichtung, die die Vormachtstellung Europas in der Kunst zunichtemachte und die von den Emotionen der Künstler lebte. Warum Warhol diese Kunstrichtung hasste, wie er selbst sagte, formuliert er nicht explizit, aber die Betonung des Emotionalen muss ihm schon ein Dorn im Auge gewesen sein. Hatte Warhol schlicht die Zeichen der Zeit erkannt und wusste, dass ein radikaler Wechsel in der Kunst notwendig war, um neue Wege zu beschreiten, handelte es sich um eine persönliche Abneigung, oder spielte auch eine gehörige Portion Eifersucht auf die erfolgreichen Künstler wie Jackson Pollock oder Willem de Kooning, die diesen Stil vertraten, eine Rolle? In

Werbung wird Kunst

Abstrakter Expressionismus als Gegenwelt

der Hinwendung zur Pop Art, also zu einer Kunstrichtung, die sich den Alltagsgegenständen, dem Konsum, der Trivialkultur im Allgemeinen zuwandte, sah Warhol auf jeden Fall eine Möglichkeit, sich auffallend zu positionieren. Erst in den fünfziger Jahren war die Pop Art zeitgleich in England und Amerika entdeckt worden. Sie wandte sich auch in der unemotionalen Haltung der Künstler eindeutig gegen den Abstrakten Expressionismus. »Es wird eine neue Bewegung und einen neuen Menschen geben, und dieser neue Mensch könnte man selbst sein« (zit. n. BO, S. 136), davon war Warhol überzeugt; und dieser neue Mensch konnte er nur werden, wenn ihm etwas prinzipiell anderes, etwas Neues einfiel. Noch erinnern aber seine eigenen Arbeiten mit den verlaufenen Konturen und verwaschenen Farben an den vergehenden Abstrakten Expressionismus und ähneln in der Thematik den sogenannten Neuen Realisten, wie Jasper Johns und Robert Rauschenberg zu dieser Zeit genannt wurden. Sie sind im Grunde eine optische Zwischenstation auf dem Weg zur Pop Art und keinesfalls das, was Warhol an die Spitze des Kunstbetriebs bringen sollte. Das war ihm selbst nur allzu klar.

Comic-Figuren als Protagonisten

Als zweiter Versuch, die neue Ära in der Kunst einzuläuten, entstand 1960 eine Serie mit Motiven wie Batman, Dick Tracy, Popeye und Superman, und im Prinzip lag Warhol damit bereits auf der Zielgeraden. Er wandte sich einem Themenkomplex zu, den er seit seiner Kindheit bewundernd zur Kenntnis genommen hatte. Daher war es nur folgerichtig, dass er sich auf diese Motive auch in seiner Malerei einließ, zumal die schlichte Zeichnung der Figuren seinem bisherigen Arbeitsgebiet, der Werbegrafik, sehr entgegenkam.

Der Siebdruck

Im Juli 1962 entdeckte Warhol die Technik des Siebdrucks für sich. Sein damaliger Assistent Nathan Gluck hatte ihm das Verfahren vorgeschlagen. Es ermöglichte Warhol, seine Arbeiten noch schneller und noch serieller zu produzieren. Das Entscheidende war dabei für ihn, dass Siebdrucke »auf die reine Oberflächenwirkung zugeschnitten [sind], die sich jeder Spontaneität verweigert und die dem mehrfach gefilterten Realitätsausschnitt den Anschein des Authentischen verleiht. Weil das Zeitungsfoto ein reales Ereignis nüchtern dokumentiert […], vermutet man in dessen drucktechnischer Reproduktion einen zumindest ähnlich hohen Realitätsgrad.« (Schulz-Hoffmann 1998, S. 10) Kein Wunder, dass gerade der Fotosiebdruck Warhols Lieblingsverfahren wurde. Man arbeitet dabei mit einer Schablone, mit deren Hilfe man das Motiv von einem Filmnegativ oder einem Dia auf ein poröses Gewebe überträgt. Indem man das Gewebe auf die Leinwand legt und mit Farbe und einer Gummirakel bearbeitet, lässt sich das Motiv auf die Leinwand kopieren. Die ersten Siebdrucke Warhols entstehen 1962 nach den Motiven aus seiner Filmstar-Sammlung aus Kindertagen: Sie zeigen Elvis Presley, Troy Donahue, Warren Beatty und Natalie Wood. Charakteristisch für Warhol ist dabei, dass er die Motive gleich mehrmals auf farbigen Untergrund druckte. Der wirkliche Durchbruch mit dieser Technik kam im selben Jahr mit den Drucken des Gesichts von Marilyn Monroe.

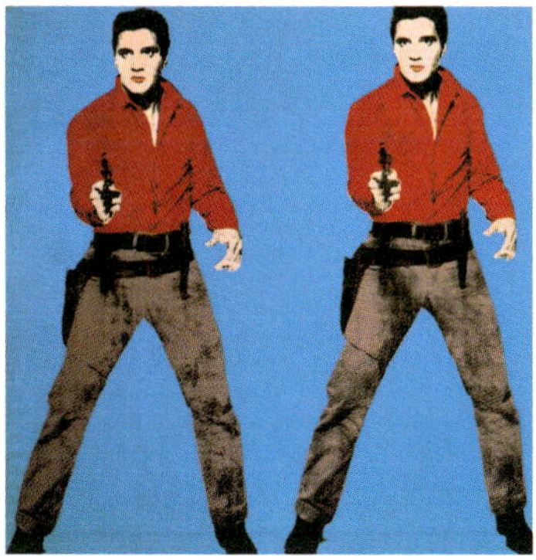

Double Elvis, 1963

Nachdem Warhols Siebdrucke erfolgreich geworden waren, brauchte er zu ihrer Herstellung einen Assistenten. Anfangs war das Gerard Malanga, der die gemeinsame Arbeit so beschrieb: »Wenn die Siebe sehr groß waren, arbeiteten wir gemeinsam, während ich sonst ziemlich auf mich selbst gestellt war. Ich kannte die Siebdrucktechnik aus erster Hand, da ich einen Sommer lang als Praktikant bei einem Textilchemiker in einer Fabrik für

»Eine kurze Zeit, ungefähr von 1962 bis 1964, war Andy Warhol ein großer Maler, einer der besten in der zweiten Hälfte des 20. Jahrhunderts ... Ursprünglich hatte es den Anschein, als wolle er die Kostbarkeiten der Kunst mit seiner Technik der Massenproduktion lächerlich machen, doch in Wirklichkeit verspottete Warhol mit seinen Siebdrucken ... die Massenproduktion und erhöhte die Malerei. Das war nur möglich, weil er für eine Weile auf etwas Ernstes aus war: Chaos – Entropie der Systeme, Wahnsinn der Menschheit und Tod ...« (Der Kunsthistoriker Peter Schjedahl Mitte der sechziger Jahre; zit. n. BO, S. 192)

Krawatten und Halstücher gearbeitet hatte. Andy und ich legten das Sieb auf die Leinwand, wobei wir versuchten, uns nach den Markierungen zu richten, die wir vorher angebracht hatten. Dann wurde Farbe auf Ölbasis in eine Ecke des Siebrahmens gegossen, und ich zog die Farbe mit einer Rakel über das Sieb. Andy nahm mir mitten in der Bewegung die Rakel ab und setzte den Prozess fort, indem er von einer Seite her weiter Farbe durch das Sieb drückte [...].« (zit. n. BO, S. 166)

Der Meister und die Assistenten

Entscheidend war für Warhol die Wirkung der Werke und nicht, durch wessen Hand sie entstanden. Ein Warhol musste nicht zwingend auch von Warhol gemacht worden sein. Ein von ihm autorisierter Assistent konnte die Arbeit ganz im Sinne des Meisters erledigen, der aber natürlich seinen Namen unter das Werk setzte. Ohne seine Assistenten hätte Warhol niemals ein solch umfangreiches Œuvre schaffen können – und ohne sie wäre es um zahlreiche Ideen ärmer. Schon zu seiner Zeit als Werbegrafiker konnte er der enormen Anzahl seiner Aufträge nicht allein durch fleißiges Arbeiten Herr werden; in Nathan Gluck hatte Warhol einen wichtigen Helfer für seine Werbegrafiken über Jahre hinaus. Auch seine bildende Kunst – allen voran die ab 1967 produzierten Drucke mit bereits früher verwendeten Bildmotiven wie der Suppendose, der Monroe oder den *Disaster*-Themen – entstand unter der Mitwirkung williger Assistenten wie z. B. Gerard Malanga. Für die Filme war stets der eifrige Paul Morrissey zur Stelle, der Warhol auch einen seiner wenigen Verkaufserfolge in diesem Medium bescherte. Die riesige Kollektion von Porträts bedurfte der tatkräftigen Mitarbeit von Helfern wie Ronnie Cutrone, der ihm in den siebziger Jahren zur Seite stand. Eines muss man dem eitlen Maniac Warhol allerdings lassen, im Delegieren von Arbeit war er ein fast ebenso großes Genie wie in der Kunst der Vermarktung. Als Chef war er allerdings weder einfach noch generös. Bezahlt wurden seine Assistenten nur selten, dennoch erwartete Warhol permanente zeitliche Verfügbarkeit – und diesem Wunsch wurde auch entsprochen.

Die Zusammenarbeit mit einem besessenen Exzentriker kann

keine einfache Sache sein. Umso bemerkenswerter sind unter diesem Aspekt die sogenannten *Collaboration Works*, die zum Spätwerk gehören. Bei ihnen handelt es sich um Gemeinschaftsarbeiten von Andy Warhol, Jean-Michel Basquiat und Francesco Clemente. Der »senior artist« Warhol hatte sich mit einigen Vertretern der neuen Künstlergeneration angefreundet, die Ende der siebziger Jahre auf sich aufmerksam zu machen begann, und arbeitete mit ihnen in den frühen Achtzigern an gemeinsamen Bildern. Diese Kooperation an sich ist schon interessant – wie aber so extreme Menschen wie Warhol und Basquiat Seite an Seite kreativ werden konnten, das bleibt immer auch ein wenig rätselhaft. Warhol selbst beschreibt die Stimmung in seinem Tagebuch folgendermaßen: »Jean Michel kam ins Büro, war aber ziemlich weggetreten. Clemente brachte ein paar von den Bildern, an denen wir zu dritt arbeiten, und Jean Michel war so voll, dass er wie besessen drauflos malte. Jean Michel und Clemente stechen einander beim Malen aus. Wir arbeiten gemeinsam an etwa 15 Bildern.« (zit. n. SA, S. 123)

Gemeinschaftsarbeiten

> »Veränderung ist das Gleiche, ohne dass es anders ist. Wir leben in einer Welt, in der wir Veränderung nicht wahrnehmen. Deswegen wird das, was sich verändert, nur von Tag zu Tag ein wenig herausgehoben ... Automation ist eine Möglichkeit, die Dinge zu vereinfachen. Automation gibt einem einfach etwas zu tun.« (Andy Warhol 1964; zit. n. Goldsmith 2005, S. 80)

Als die expressionistische Kunst zu Beginn der achtziger Jahre unter der Bezeichnung Neo-Expressionismus eine Renaissance erfuhr, änderte Warhol, in Zusammenarbeit mit Jean-Michel Basquiat, die Parameter des Hand-vs.-Maschine-Paradigmas. Die Trennung der beiden unterschiedlichen Aspekte von Malerei lösten die zwei Künstler, indem Warhol sich einmal mehr vom Gestischen und Malerischen ab- und sich stattdessen der Druckgrafik zuwandte, während der junge Kollege das Handgemalte übernehmen durfte. Zu Arbeiten wie *Drug King* oder *Perishable* von 1984 steuerte Warhol die exakt ausgeführten Buchstaben und Zahlen, die peinlich genau gezeichneten Logos und die Illustrationen bei, die nach Werbung aussahen, während Basquiat für die Gesichter, Masken, Körper und Graffiti zuständig war.

Resümee des eigenen Werks

1979 resümierte Warhol sein eigenes Werk mit zwei neuen Serien: den *Reversals*, Drucken von seinen Bildern aus den sechziger Jahren, und den *Retrospectives*, Gemälden seiner früheren Drucke. Dabei vermischt er zwei seiner großen Motivketten, nämlich die Porträts und die Dinge, und fertigt damit im Grunde synthetische Werke seiner genuinen Themen.

Anfänge: Das blotted-line-Verfahren

Beim blotted-line-Verfahren handelt es sich um eine Technik, die Warhol bereits 1948 für Grafiken in der Studentenzeitung *Cano* verwendete und die er vermutlich von dem erfolgreichen Maler und Gebrauchsgrafiker Ben Shahn übernommen hatte. Für den Umschlag der November-Ausgabe der Campus-Zeitung entwarf er eine Kette von Violinspielern, deren serielle Reihung durch individuelle Gesichtszüge aufgebrochen wird – ein erster Verweis auf Warhols späteren Umgang mit Serienporträts. Noch deutlicher ist das blotted-line-Verfahren bei den Werken *Untitled (Huey Long)* von 1948/49 und *Chess Player* von 1954. Der größere Anteil der »blotted lines« in diesen Arbeiten unterstreicht den speziellen Charakter, der dieses monotypische Druckverfahren auszeichnet.

Zunächst entsteht auf einem wasserabweisenden Untergrund eine Bleistiftzeichnung. Die Linien werden mit Tinte nachgezogen und danach sofort auf ein saugfähiges Papier gepresst. So entsteht ein seitenverkehrter Druck, der sich durch durchbrochene (»blotted«) Linien auszeichnet. Der entstandenen Grafik haftet einerseits etwas Nebensächliches, Flüchtiges und damit auch Zufälliges an, andererseits ist diese Technik ein probates Vervielfältigungsmittel, das Andy Warhol sofort begeisterte. Durch die Verwendung dieses simplen Druckverfahrens konnte er auch in späteren Jahren vielen Anforderungen an seine eigene Kunst entsprechen. Die Technik war einfach, zügig umzusetzen und stellte den Begriff des Originals in Frage, d. h. eine der Grundfeste des üblichen Kunstbetriebs wurde so zur Disposition gestellt. Für Warhol ist das eigentli-

Was ist ein Original?

che Original nicht die ursprüngliche Zeichnung, sondern das blotted-line-Bild. Dieses lässt sich in beliebiger Menge herstellen, denn die Linien können immer wieder von neuem in Tinte nachgezogen werden – und das muss noch nicht einmal der Künstler selbst erledigen. Als Variation lassen sich mit Hilfe eines durchsichtigen Papiers auch andere Grafiken abpausen und als Vorlagen für den Druckvorgang nutzen.

> »Andys Methode, die blotted-line-Technik und das Abzeichnen von Photos zu kombinieren, war direkt beeinflußt vom Kunstverständnis des Bauhauses: Reduzierung der persönlichen Handschrift im Kunstwerk, Betonung des Designs und Auflösung der Grenzen zwischen Kunst und Gebrauchsgraphik.« (BO, S. 68 f.)

Das blotted-line-Verfahren erwies sich aus all diesen Gründen für Andy Warhol als perfektes Medium, das er für zahlreiche seiner Werbegrafiken nutzte. Das später entwickelte Offsetverfahren führt in Form einer Gummimatte noch einen Zwischenträger ein, um die Spiegelbildlichkeit aufzuheben und die Schriften wieder lesbar zu machen. Der Kunst- und Medientheoretiker Peter Weibel stellt Warhols blotted-line-Verfahren in eine entwicklungstechnische Reihe mit den Auffassungen der Pointillisten und sieht hier die Wurzeln der digitalen Kunst (vgl. Weibel 2007).

Präsentationsbücher: Von *Amy Vanderbilt's Complete Book of Etiquette* (1952) bis *Wild Raspberries* (1959)

Das Medium Buch bot Andy Warhol zwei verschiedene Betätigungsmöglichkeiten. Zum einen illustrierte er die Bücher anderer Autoren, so etwa, zusammen mit Fred McCarroll und Mary Suzuki, 1952 *Amy Vanderbilt's Complete Book of Etiquette*. Der 1908 geborenen Amy Vanderbilt war damit ein richtiger Bestseller gelungen, der *das* Benimmbuch in den USA wurde und Warhol auch thematisch wie auf den Leib geschrieben war, stellte doch die Autorin darin die These auf, dass es keine geborene Elite gebe und dass alles, auch das perfekte Benehmen, erlernbar sei. Später im Jahr illustrierte Warhol dann auch die Werke des von ihm sehr geschätzten Truman Capote.

Zum anderen produzierte Andy Warhol sogenannte Präsentationsbücher als Sonderdrucke in kleinen Auflagen, die sein Können auf unaufdringliche Weise potentiellen Auftraggebern demonstrierten. Es entstanden in Zusammenarbeit mit »Corkie« (Ralph Thomas Ward) illustrierte Tiergedichte und Karikaturen verschiedener Art. Warhol setzt seine Linien sehr

Mit Mutters Hilfe

sparsam, lässt viele der Blätter durch seine Mutter, die eine kindlich-krakelige Handschrift hat, beschriften und von seinen Freunden kolorieren. Bei dem nachfolgenden Buch *25 Cats Named Sam and One Blue Pussy* (1954) unterstützte ihn sein Assistent Nathan Gluck, der die von Warhol nach englischen Drucken angefertigten Zeichnungen nach seinen Anweisungen kolorierte. Dieses Präsentationsbuch, gedruckt in der Kellerdruckerei von Seymore Berlin, wurde von Warhol absichtlich nicht, wie sonst üblich, fortlaufend nummeriert, sondern mit immer wieder den gleichen niedrigen Zahlen versehen, damit die Beschenkten ihr Exemplar als besonders wertvoll erachteten. Nur konsequent ist es nach Warhols Auffassung – »Ein Druck ist ein Druck ist ein Druck« (zit. n. SA, S. 26) –, dass zwischen Original, Druck und Offsetdruck nicht mehr unterschieden werden kann. Handkoloriert wurden alle Werke ohnehin, wodurch sie ihr spezifisches Aussehen erhielten, so dass konkrete Aussagen über Original und Druck ohnehin nicht möglich waren. Der betont gleichmäßige Farbauftrag und das Fehlen von Licht und Schatten verhinderten strukturelle Dimensionen. Tiefe und Perspektive entstehen allein durch die Linienführung. Nachdem viele dieser Blätter von Warhols Freunden koloriert wurden, lassen sich einige Unsauberkeiten sicherlich auch durch die Ausführenden erklären, aber man kann davon ausgehen, dass Warhol genau auf diese Momente von Flüchtigkeit und Improvisation Wert legte und immer wieder nach Wegen suchte, sie entstehen zu lassen.

Seine fetischistischen Neigungen bediente Warhol mit der Herstellung zahlreicher Zeichnungen von Füßen, nackten Männern und deren Genitalien, die er in Werken wie *Foot*

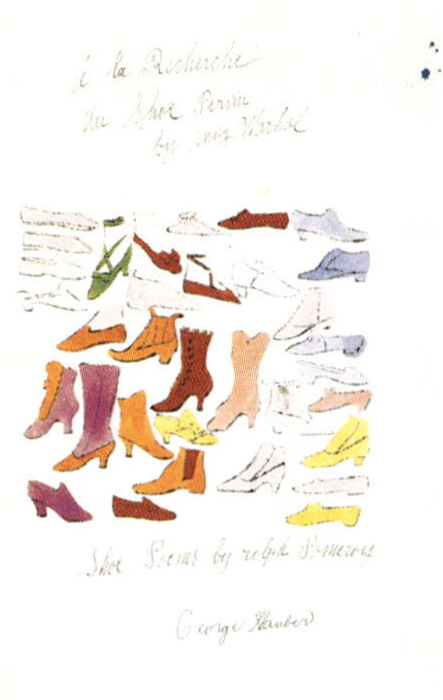

Warhols Art der Auseinandersetzung mit kulturellen Vorgaben: Das Umschlagblatt von *A la Recherche du Shoe perdue*, 1955

Book (*Fußbuch*) oder *Cock Book* (*Pimmelbuch*) publizieren wollte. Soweit ist es jedoch nicht gekommen. Lediglich in dem Buch *A la Recherche du Shoe Perdu* (*Auf der Suche nach dem verlorenen Schuh*, 1955) konnte er seinen Neigungen in gewissem Sinn frönen. Das Buch besteht aus 16 Blättern und einem großen Umschlagblatt. Im blotted-line-Verfahren entstehen Drucke, von denen jeder einzelne ein Schuhmodell zeigt. Die Schuhe bekommen Titel, die immer auf kulturelle Vorbilder anspielen, wie z. B. *The Autobiography of Alice B. Shoe* (*The Autobiography of Alice B. Toklas*) oder *Dial M for Shoe* (*Dial M for Murder* von Alfred Hitchcock). Jedem Schuh ist außerdem ein Gedicht des amerikanischen Dichters Ralph Pomeroy zugeordnet, das von Julia Warhola handschriftlich übertragen wurde. Die individuelle Kolorierung besorgten Freunde auf den von Warhol organisierten Aquarellpartys, die z. T. auch in seiner Stammkneipe Serendipity stattfanden: Jeder war für eine Farbe zuständig und malte nach Anweisungen des Gastgebers die entsprechenden Felder aus.

Der Künstler als Kollektiv

Das nächste Projekt wurde als Buch nicht verwirklicht, sondern lediglich in einer Ausstellung mit dem Titel *Drawings for a Boy-Book* (1956) gezeigt. Warhol präsentierte Kugelschreiberzeichnungen, für die ihm seine Freunde Modell gestanden hatten. Sie sind sehr schlicht und erinnern mit ihrer Strichtechnik an Zeichnungen von Jean Cocteau, den Warhol verehrte.

1957 gab Warhol das Buch *A Gold Book* heraus. Die darin enthaltenen Zeichnungen entstanden auf Goldgrund in der blotted-line-Technik. Berühmt wurde vor allem das Umschlagbild: James Dean in einer typischen Pose, die Warhol von einem Pressefoto übernommen hatte. Im *Gold Book* finden sich insgesamt 18 Seiten, vorwiegend mit Männerakten und Studien von Männerköpfen. Die Zeichnungen fertigte Warhol nach Fotografien von Edward Wallowitch, einem Freund Nathan Glucks.

Warhols letztes Präsentationsbuch und auch das letzte Werk, bei dem seine Mutter beteiligt war, entstand 1959. Gemeinsam mit der Designerin und Künstlerin Suzie Frankfurt, die er 1956 kennengelernt hatte, gab er ein satirisches Kochbuch mit dem Titel *Wild Raspberries* heraus. Es handelt sich um die Persiflage des Kochbuchs *Le pâtissier pittoresque* von Marie Antonin Carême aus dem 19. Jahrhundert. Für die Nonsens-Rezepte wie »Schuh mit Erdbeeren« oder »Omelette Greta Garbo« schuf er 20 handkolorierte Zeichnungen im blotted-line-Verfahren. Als Vorlagen dienten ihm die Illustrationen des berühmten, über 100 Jahre alten Vorgängers.

Gemälde und Drucke

Gemälde und Drucke spielten im künstlerischen Schaffen Warhols die zentrale Rolle. Man muss die beiden an sich deutlich unterschiedenen Techniken, die in gewissem Sinne die High- und die Low-Ebene darstellen, bei Warhol als symbiotische Elemente ansehen. Normalerweise bedienten in dieser Zeit Gemälde die Ebene der sogenannten hohen Kunst, während die künstlerischen Niederungen, so z. B. der Bereich der Werbung und Gebrauchsgrafik, den verschiedenen Drucktechniken vorbehalten waren. Es gab immer mal wieder – vor allem im Expressionismus – Entwicklungen, die auch Drucktechniken (z. B. den Holzschnitt) zum künstlerischen Ausdrucksmedium werden ließen. Warhols Gebrauch der verschiedenen Medien hat allerdings in der Kunstgeschichte einen ganz eigenen Stand, denn dieselben Motive tauchen in den unterschiedlichsten Techniken auf und sprengen so den Rahmen der üblichen Zuordnungen.

Mit den Gemälden und später dann auch mit den Siebdrucken öffnete sich der Weg zur großen Kunst. Es dauerte einige

Zeit, bis Warhol dort angelangt war; und noch lange, bis 1964, beschäftigte er Nathan Gluck mit der Ausführung werbegrafischer Aufträge, die nach wie vor sein finanzielles Standbein waren.

Die Siebdrucke wurden das Spielfeld, auf dem Warhol die Symbiose von Malerei und Druck in verschiedenen Varianten durchspielte. Er druckte zunächst auf bemalte Hintergründe, übermalte den Druck und kombinierte beide Verfahren. Malerei und Druck überlappen sich und führen in der Kombination zu den großen Werken von Andy Warhol. Im Folgenden wird das malerische Werk nicht chronologisch behandelt, sondern in vier inhaltliche Bereiche unterteilt. Diese semantische Bündelung macht deutlich, wie spezifische Themen bei Andy Warhol immer wiederkehren.

Dinge: *Coca-Cola-Bottles* (ab 1961), *Dollarbills* (ab 1961), *Campbell's Soupcans* (ab 1961), *Dance Diagrams* (1962), *Do-it-Yourself*-Bilder (1962), *Electric-Chair*-Bilder (ab 1963), *Flowers* (ab 1963), *Sculls* (1976), *Hammer and Sickle* (1977), *Shadows* (1979), *Mercedes Benz* (1986/87)

Objekte des täglichen Lebens bzw. Elemente der Massenkultur zum Thema von Kunst zu machen ist ein Merkmal der Pop Art – und aus der bildenden Kunst Andy Warhols gar nicht wegzudenken. Seine ersten Bilder, die 1960 entstanden und sich auch als Gesten gegen die etablierte Kunst richteten, wiesen noch keine Charakteristika der Pop Art auf. Sie lassen sich eher als neodadaistische Versuche interpretieren, das Urinieren auf die Leinwand ebenso wie das Auslegen der Leinwand auf dem Gehweg vor dem Haus, so dass sich die Fußspuren der Passanten darauf abzeichneten. Das alles war noch nicht der große Wurf, den Warhol suchte und den er finden musste, wollte er auf dem Gebiet der Malerei wirklich erfolgreich sein.

Das erste Motiv der Massenkultur, dem sich Warhol zuwandte, waren die Coca-Cola-Flaschen, die er als Symbol für die Gleichheit der Menschen, als Visualisierung des demokratischen Denkens in den USA interpretierte: »In Amerika ist es seit jeher so, daß auch der reichste Verbraucher im wesent-

Coca-Cola-Flaschen, vgl. Abb. S. 66

lichen das gleiche kauft wie der ärmste. Du siehst Coca-Cola im Fernsehen und kannst sicher sein, daß der Präsident sein Cola trinkt, daß Liz Taylor Cola trinkt – und du selbst kannst auch ein Cola trinken! [...] Für kein Geld der Welt kannst du irgendwo ein Cola herkriegen, das besser wäre als das, was der Penner an der nächsten Ecke trinkt ...« (zit. n. SA, S. 46) Dabei interessierte sich Warhol in erster Linie für die Oberfläche und die Verpackung. Diese galt es so naturgetreu wie möglich darzustellen. Um zu dieser Überzeugung zu gelangen, die dann auch für das weitere Schaffen Warhols relevant blieb, bedurfte es der Unterstützung seines Freundes De, der ihm eines Nachmittags die Entscheidung darüber, welche Richtung seine weitere künstlerische Entwicklung nehmen sollte, erleichterte.

»Nachdem ich meine ersten Leinwände gemalt hatte, war De [Antonio] der erste, dem ich sie zeigen wollte. Er konnte immer sofort den Wert einer Sache sehen ... Eines Nachmittags um fünf Uhr schellte es, und De kam herein und setzte sich. Ich goss uns Scotch ein und ging dann dorthin, wo ich zwei meiner Bilder, jedes von ihnen etwa sechs Fuß hoch und drei Fuß breit, mit der Vorderseite zur Wand aufgestellt hatte. Ich drehte sie um, stellte sie nebeneinander vor die Wand und trat einen Schritt zurück, um selbst einen Blick auf sie zu werfen. Ein Bild zeigte eine Cola-Flasche mit Kritzeleien aus dem Abstrakten Expressionismus etwa auf halber Höhe. Das zweite zeigte nur eine nackte Cola-Flasche in Schwarzweiß. Ich sagte nichts. Ich brauchte es nicht zu tun – De wusste, was ich wissen wollte. ›Nun Andy‹, sagte er, nachdem er sie einige Minuten betrachtet hatte. ›Eines von ihnen ist Scheiße, einfach von jedem etwas. Das andere ist bemerkenswert – es ist unsere Gesellschaft, wer wir sind, es ist absolut schön und nackt, und du solltest das erste vernichten und das andere ausstellen.‹ Dieser Nachmittag war wichtig für mich.« (Andy Warhol; zit. n. Shanes 2004, S. 34)

Auch wenn Warhol an diesem Nachmittag seiner zukünftigen Kunst einen entscheidenden Schritt näher gekommen war, brauchte es zum richtigen Durchbruch noch ein weiteres Initialerlebnis, nämlich den Tipp einer jungen Galeristin, das zu malen, was jeder täglich vor Augen hat, z. B. Geldscheine und Suppendosen. Damit hatte Warhol zu Beginn der sechziger Jahre zwei weitere Inkunabeln der Massenkultur gefunden. Mit seinen Arbeiten isolierte er den Motor der Massenkultur und sorgte dafür, dass banale Suppendosen Weltruhm erlangten. 1962 nahm Warhol die systematische Arbeit an diesen beiden Motiven auf und arbeitete hier auch das erste Mal mit den Möglichkeiten der Reihung und der Serie. Zunächst entstanden aquarellierte Bleistiftzeichnungen von Dollarscheinen. Warhol fotografierte eine Vorlage und zeichnete dann nach der Projektion dieses Fotos. Die durch sehr helle Lichtquellen seitlich ausgeleuchteten Objekte haben starke Schlagschatten, die Warhol mit tiefschwarzen Bleistiftschraffuren darstellt. Das Kopierverfahren wird nicht geleugnet, sondern ist Markenzeichen des Kunstwerks. So gelang es Warhol, seine Handschrift im wahren Sinne des Wortes zu eliminieren. Damit entsprach er weitgehend seinem Diktum: »Stil ist nicht wirklich wichtig.« (zit. n. SA, S. 46) Mit den Dollarnoten malt Warhol das zentrale Element der US-amerikanischen Konsumgesellschaft, das Symbol des Kapitalismus schlechthin. Aufgereiht über die ganze Bildfläche zeigt er Front und Rückansicht der Scheine. Nicht mehr, aber auch nicht weniger. Wie bei Klaus Honnef zu lesen ist: »Um den Inhalt des Bildes zu entschlüsseln, bedarf es lediglich eines leichten Zähl- und Additionsverfahrens. Außer geringfügigen Rechenkünsten erhebt es keine besonderen geistigen Ansprüche, und der Prozess des Verstehens verläuft in klaren, rationalen Bahnen. Mögliche Fehlinterpretationen werden ausgeschlossen […]. Auch die Dollarnoten verkörpern – im wahrsten Sinne des Wortes – das, was sie

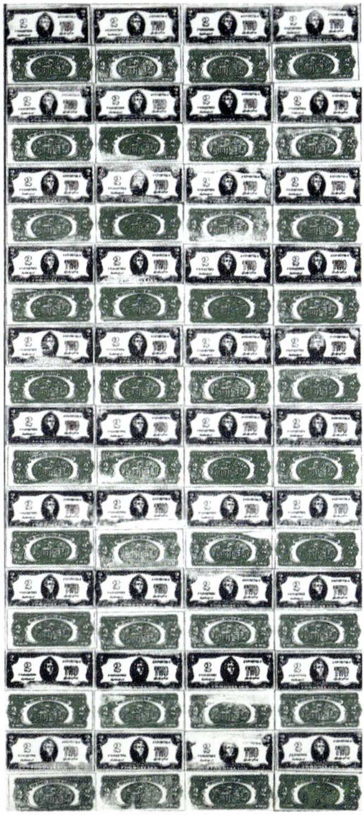

Zur Kunst gewordenes Geld: *80 Two Dollar Bills (Front and Rear)*, 1962

wiedergeben: Geld. Es existiert keine prinzipielle Kluft zwischen dem Bild und Abbild, zwischen den mit Hilfe des Siebdrucks auf die Leinwand applizierten ›falschen‹ Dollarscheinen einerseits und den echten Noten andererseits. Beide repräsentieren ein abstraktes System, einen merkantilen Wert [...].« (Honnef 2004, S. 86)

Beitrag zur Wertediskussion

Die Einfachheit des Bildzugangs hat allerdings ihre Tücken. Zwar versteht man das Dargestellte sofort, schließlich kennt jeder, aber auch wirklich jeder, diese Geldscheine, man läuft jedoch Gefahr, die offenkundige Bedeutungsebene als ausschließliche zu sehen. Tut man dies, dann bleibt von den Bildern nicht viel mehr als eine banale visuelle Erfahrung des Gewöhnlichen. Gerade die Dollarscheine bieten aber mehr. Der dargestellte Geldbetrag hat mit dem Verkaufswert des Bildes nichts mehr zu tun. Allein dieselbe Währung verbindet Realität und Abbild. Wie aber kommt es, dass die Darstellung von Geldscheinen so viel mehr wert ist als die Geldscheine selbst? Indem Warhol dies thematisierte, stellte er den ganzen Kunstbetrieb in Frage – und letztlich auch das Wertesystem der westlichen kapitalistischen Welt, innerhalb dessen sich darüber, was tatsächlicher und realer Wert miteinander zu tun haben, ausführlich nachdenken lässt. »Die erfolgreiche Zirkulation im kommerziellen Kunstbetrieb ist Bestandteil seines künstlerischen (nicht: ästhetischen) Wertes. Und jeder Verkauf eines von Warhols Dollarbildern erfüllt dessen Inhalt mit neuem Leben.« (Honnef 2004, S. 86) Bei Warhol selbst klingt das wesentlich einfacher: »Ich mag Geld an der Wand. Nehmen wir an, du wolltest ein Bild für 200 000 Dollar kaufen. Ich meine, dass du das Geld an [...] die Wand hängen solltest. Wenn dann jemand zu dir zu Besuch käme, wäre das erste, was er sähe, das Geld an der Wand.« (PH, S. 122)

> »Ich verstehe einzig und allein etwas von DOLLARNOTEN. Nichts von Wertpapieren, nichts von Schecks, nichts von Travellerschecks.« (Andy Warhol; PH, S. 117)

Symbolischer Wert

Das Geld beschäftigte ihn in seinen späten Werken noch einmal, dann fokussierte er allerdings auf das Dollarzeichen und nicht mehr auf konkrete Scheine. Seine Absicht wurde durch das Verwenden eines abstrakten Symbols noch deutlicher: nämlich zu zeigen, dass nahezu alles, was die Welt bewegt oder in ihr einen Wert hat, in der Einheit »$« gemessen wird. Die Weltwährung ist und bleibt der Dollar, die Währung der USA, die sich die gesamte Welt des Konsums untertan gemacht hat – mit einem Symbol. Das Sympathische an Warhols Kunst ist auch bei solchen Themen seine dezente Zurückhaltung. Man kann seine Werke als Kritik an bestehenden Systemen und ihrer Wirkungsmacht lesen, man muss es aber nicht. Es handelt sich um ein Angebot, um eine Einladung, die Dinge einmal anders zu betrachten, was zum Nachdenken über Funktionsmechanismen innerhalb einer bestimmten Zeit und eines mächtigen Wirtschaftssystems führen kann, ohne dass die Richtung des Denkens vorgegeben wird.

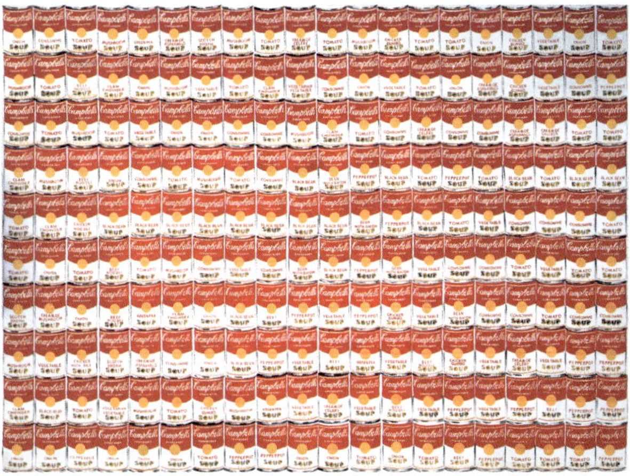

Keine Dose ist berühmter: ***Two Hundred Campbell's Soup Cans*, 1962**

Damit die Objekte diese Funktion erfüllen können, müssen sie relativ naturgetreu sein. Warhol gab daher bereits für die Dollarscheine den nachlässigen Farbauftrag auf, der für seine frühen Werke und für den gesamten Abstrakten Expressionismus kennzeichnend war, und fertigte in der neuen Technik auch seine erste Serie der *32 Campbell's Soupcans* (1961) an. Zu sehen ist pro Tafel eine andere Suppendose. Es handelt sich dabei um die 32 Sorten, die damals für je 29 Cent auf dem Markt waren. Die auf der Pariser Weltausstellung von 1900 preisgekrönte Dose malte Warhol von verschiedenen Blick-

Suppendosen

punkten aus, immer vor neutralem weißen Hintergrund. Alle Details wurden so naturgetreu wie möglich kopiert, lediglich die goldene Medaille stilisierte er zu einem gelben Fleck. Er benutzte dabei sowohl manuelle als auch industrielle Verfahren wie Malerei, Siebdruck und Stempeltechnik. Die Campbell's-Suppendose wurde durch Warhol zu einem Zankapfel der ästhetischen Diskussion. Kann eine Suppendose – und nur die Dose – Thema eines Kunstwerks sein, vor allem wenn sie einfach kopiert und nicht in irgendeiner Weise verändert wird? Ausgerechnet diese Werke erzielten dann auch noch Höchstpreise auf dem Kunstmarkt. Mit seinen Suppendosen-Bildern gelang ihm der Scoop, von dem viele Künstler träumen: Noch bevor die Bilder ausgestellt wurden, waren sie Gesprächsstoff in der New Yorker Kunstszene. In der *Time* wurde am 11. Mai 1962 ein Artikel über die neuen Maler (Lichtenstein, Rosenquist und Warhol) veröffentlicht. Bebildert war der Artikel mit einem Foto von Andy Warhol, der, vor dem riesigen Bild einer Suppendose stehend, aus einer Original-Campbell's-Suppendose löffelt. Ein Marketing-Gag erster Güte, der einmal mehr erkennen lässt, dass Warhol die Gesetze der Werbung bestens kannte und für seine eigenen Zwecke zu nutzen wusste.

»Ich male ganz einfache Dinge, die ich schon immer schön fand, Dinge, die man täglich benützt und über die man nie nachdenkt. Ich arbeite jetzt gerade an Suppen und habe auch schon einige Bilder von Geld gemalt. Ich mache es, weil es mir gefällt.« (Andy Warhol in der *Time*; zit. n. BO, S. 150)

Der Galerist Irving Blum

Aber Warhol hatte auch das Glück, dass seine Bilder Irving Blum, einem Galeristen aus Los Angeles, gefielen. Er zeigte die *Campbell's Soupcans* 1962 in der Ferus Gallery und hatte obendrein eine witzige und folgenreiche Idee, wie die Bilder zu präsentieren waren: Er stellte sie auf schmale Regale und betonte damit ihren Warencharakter. Die optische Gleichsetzung von Kunst und Lebensmittel, von Kunstgalerie und Supermarkt war natürlich ein wirklicher Affront gegen die bestehenden Konventionen, die jedem Objekt seinen spezifischen Platz in der Wertewelt zuwiesen. Und auch in Los Angeles polarisierten Warhols Suppendosen und riefen einerseits heftige Kritik hervor, während sich andererseits immerhin fünf Käufer dafür fanden.

»David Stewart, der ein paar Häuser weiter mit präkolumbianischer Kunst handelte, mokierte sich über Blum, indem er in einem Supermarkt rund fünfzig Dosen Campbell's Soup kaufte und sie in seinem Schaufenster auftürmte, mit einem Schild: ›Hier sind sie billiger‹.« (Der Kunsthistoriker Kirk Varnedoe; zit. n. Bastian 2001, S. 41)

Da Blum schließlich entschied, die 32 Arbeiten sollten nicht getrennt werden, überredete er die Sammler, die Bilder wieder zurückzugeben. Er selbst erwarb das Ensemble für $ 1 000, präsentierte die 32 Tafeln als Gesamtkunstwerk und rückte damit »die Verschmelzung von ›Sortenvielfalt‹ und monotoner Gleichförmigkeit ins Blickfeld, die nicht zum Ausdruck gekommen wäre, wenn sich die Bilder auf separate Sammlungen verstreut hätten. Wesentlich eindrucksvoller und nachhaltiger, als es die einzelnen Dosen vermocht hätten, dient diese Art der Kunstdarbietung, um ein symptomatisches System der Konsumgesellschaft anschaulich zu machen.« (Varnedoe 2001, S. 43) Blum präsentierte die Suppendosen später auch als geometrisches Ensemble und hängte sie in vier Reihen à acht Werke. Damit betonte er den seriellen und gleichzeitig minimalistischen Charakter der Arbeiten. Kurios an dieser Geschichte ist dabei, dass der ursprüngliche Erfolg der Suppendosen wohl zu einem wesentlichen Teil an der ungewöhnlichen Präsentation als separierte Einzelbilder hing, die von Warhol selbst gar nicht beabsichtigt war. Aber sogar heute erinnert sich ein Maler wie Richard Pettibone an dieses Kunsterlebnis: »In Los Angeles hingen sie jedoch in einer Reihe, denn sie sollten einzeln verkauft werden, und anstelle eines großen zusammengesetzten Gemäldes sah man viele kleine Gemälde. Wo immer man hinsah, hing dasselbe dumme Bild! Das war einfach wild! Noch niemand hatte so etwas gewagt, eine Ausstellung mit 32 gleichen Bildern, die auf jede malerische Qualität verzichten! Unerhört!« (zit. n. Mejias 2007, S. 31) Man kann also mit Fug und Recht behaupten, dass der Galerist Blum nicht nur für die Bilder Warhols, sondern auch für ihre Präsentation das richtige Gespür hatte und dass die Zusammenarbeit von Künstler und Galerist in diesem Fall aus einer kleinen Sammlung von Bildern eine Sensation machte.

Rein technisch gesehen, waren die Suppendosen nicht gerade avantgardistisch. Warhol benutzt bunte Farben und scharfe Konturen – ganz im Stil der Pop Art –, bleibt aber mit seiner Farbpalette von gebrochenem Weiß, Rot, Silber und Gold konservativ. Die Grundform der Dose ist eine Bleistiftvorzeichnung, die teilweise sichtbar bleibt und mittels einer Schablone entsteht. Die Bilder selbst sind handgemalt, allein die Lilienbordüre wurde mit kleinen, eigens dafür hergestellten Stempeln aufgedruckt. Der genaue Blick auf die einzelnen Bilder offenbart denn auch das Handgemachte der Werke: Es finden sich immer wieder kleine Abweichungen, Unregelmäßigkeiten und Ungenauigkeiten, die verdeutlichen, dass es sich eben nicht um eine druckgrafische Vervielfältigung handelt. Interessant sind die einzelnen Suppendosen, betrachtet man sie als optische Analysen eines bislang so nicht gesehenen Stücks Umwelt. Und damit nicht genug, zeigen die Dosen wie auch die anderen isolierten Objekte den Konformismus als einen zentralen Bestandteil des täglichen Lebens. Mit seinen Bildern illustrierte Warhol außerdem eine neue Art der Wahrnehmung, die von seinen Erfahrungen in der Werbebranche gespeist wurde: Mehr denn je kam es auf die Kleinigkeiten und Details an, die den Gesamteindruck unterschwellig prägen. Dass die Suppendosen zur Zeit ihrer Entstehung für die Sehgewohnheiten des Betrachters eine Herausforderung waren, ist heute nur noch mit Mühe nachzuvollziehen. Zu sehr haben sich vor allem die flachen, überall verfügbaren Drucke in unser Bildgedächtnis eingegraben.

Warhol suchte sich immer wieder neue Motive aus der Konsum- und Warenwelt. Und war dabei nicht eben wählerisch: Nach Zeichnungen aus einem Tanzlehrbuch entstanden die *Dance Diagrams*, nach einem Vorlagenbuch für Hobbymaler die *Do-it-yourself*-Bilder (beide 1962).

Marcel Duchamp

Über Warhols Bedeutung als Künstler wurde heftig gestritten. Die einen sahen in ihm einen Scharlatan, der grässliche Kunst produzierte, die anderen vermuteten in ihm den

Verwalter des geistigen Erbes von Marcel Duchamp, der mit seinen Readymades Jahre zuvor den Grundstock für einen Aspekt der Pop Art gelegt hatte. Im Unterschied zu Duchamp arbeitete Warhol mit seinen Fundstücken und nutzte sie als Ausgangspunkt für seine künstlerischen Aussagen; während Duchamps Readymades mit ihrer Manifestation enden, stehen Warhols Funde am Anfang des künstlerischen Prozesses. Dennoch sind ihre Arbeiten wesensverwandt, thematisieren sie doch auf spezielle Weise die Wirkungs- und Bedeutungsebene von Kunstwerken.

»Wenn ein Mann fünfzig Suppendosen von Campbell's nimmt und sie auf Leinwand bannt, dann beschäftigt uns nicht das Abbild auf unserer Netzhaut. Uns beschäftigt der Impuls, der fünfzig Campbell's-Suppendosen auf eine Leinwand bringen will.« (Marcel Duchamp, Künstler und Spiritus Rector der Modernen Kunst; zit. n. BO, S. 162)

Electric Chair

Ab 1963 entstanden die *Electric-Chair*-Bilder. Hier benutzte Warhol bereits die Technik des Siebdruckes und stellte Serien des immer gleichen Motivs in unterschiedlicher farblicher Akzentuierung her. Als ausgebildeter Werbegrafiker war er sich natürlich darüber im Klaren, dass ein Motiv in unterschiedlicher Farbe anders wirkt und beim Betrachter unterschiedliche Bedeutungsebenen evoziert. Es wundert nicht, dass er deshalb diesen Mechanismus in vielen seiner Werke bewusst nutzte. Bei einigen Bildern arbeitete er außerdem mit dem Kontrast von Wiederholung und Leere und stellte Partien mit seriell verwendetem Motiv eine größere Leerfläche gegenüber, die wie eine Bühne für die freigesetzten Gedanken des Betrachters fungiert. Angesichts eines solch heiklen Objekts wie dem elektrischen Stuhl wirkt die Leere, zumal in einem aggressiven Rot gehalten, wie ein Schlag ins Gesicht des Betrachters. Die Absicht, die hinter dieser Reihung steckt, hat Warhol selbst folgendermaßen formuliert: »Wenn du ein grausames Bild immer wieder siehst, verliert es schließlich seinen Schrecken.« (zit. n. Bauer 2004, S. 21) Ob dieses Konzept aufgeht oder ob es sich doch so verhält, wie Donna De Salvo

Lavender Disaster, 1963

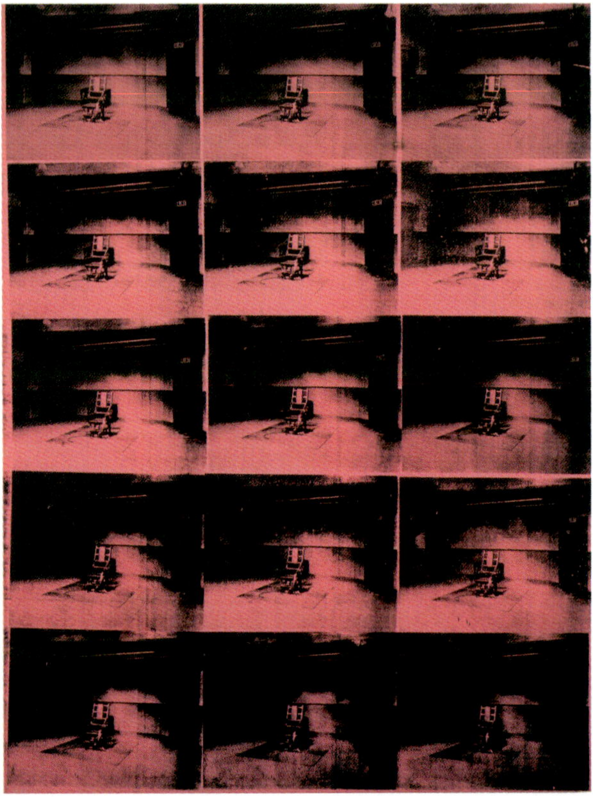

mutmaßt: »Man würde erwarten, daß uns die Wiederholung für den Inhalt eher desensibilisiert. Tatsächlich macht sie das Bild aber komplizierter, weil wir erwarten, bei so viel Information zu erfahren, worum es eigentlich geht.« (De Salvo 2001, S. 50). – das liegt zu nicht unerheblichem Maße am Motiv selbst. Das Bild vom elektrischen Stuhl verliert seinen Schrecken auch in der Wiederholung nicht, solange man sich bewusst ist, wofür dieses Objekt genutzt wird. Im Gegenteil, die z. T. grotesken, weil fröhlichen und damit thematisch vollkommen verkehrten Farben verstärken den bedrückenden Eindruck.

Flowers

Das Problem stellt sich nicht bei den *Flower*-Siebdrucken, die ab 1963 auf den Rat von Henry Geldzahler entstanden. Um die von Warhol verwendete Vorlage, ein Foto, das mehrere Hibiskusblüten zeigt, gab es allerdings zunächst größere Schwierigkeiten, denn die Fotografin Patricia Caulfield, von der das Originalbild stammt, verklagte ihn. Die Streitigkeit wurde jedoch durch einen Vergleich außergerichtlich geregelt,

Ab 1963 entstanden die *Flowers*

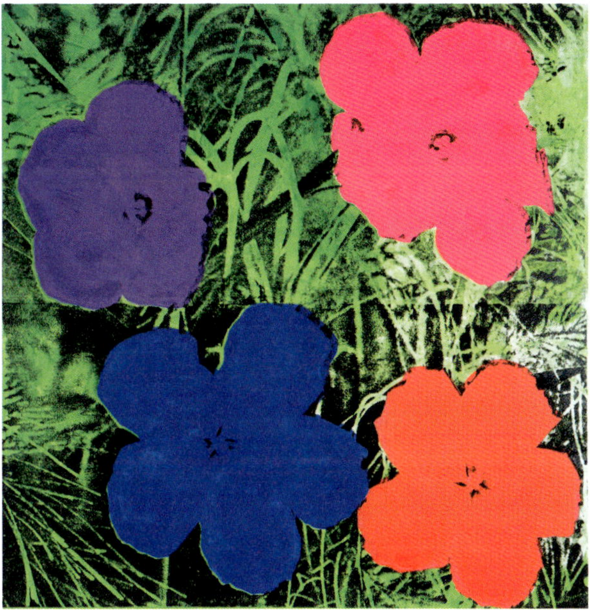

und Warhol konnte zahlreiche *Flowers* produzieren, deren dekoratives Potential der Grund für ihren großen Erfolg war. Mit den *Flowers* eroberte Warhol auch den Galeristen Leo Castelli: 1964 hatte er seine erste Einzelausstellung in der renommierten New Yorker Galerie.

In den siebziger Jahren fand Warhol den Weg zurück zu den Objekten und in Hammer und Sichel symbolträchtige Motive, die er angeblich ohne jede Rücksicht auf ihren Inhalt benutzte. »Ihm waren lediglich auf einer Italienreise in Rom überall Graffitis des Symbols der Kommunistischen Partei aufgefallen, und er mochte, wie er sagte, ›den Anblick‹.« (BO, S. 428) Warhol arrangierte die Gegenstände, Ronnie Cutrone

Hammer-and-Sickle-Serie, vgl. S. 55

fotografierte, und schließlich entstanden danach Seidensiebdrucke, die anschließend mit einer neuen Technik, dem Farbauftrag mit einem Schwamm, bemalt wurden. Bei Warhol kreuzen sich Hammer und Sichel nicht und stehen auch nicht symbolisch für die Arbeiter und Bauern, sondern bewegen sich zusammenhanglos auf der Bildfläche. Die Ausstellung der Hammer-und-Sichel-Bilder 1977 in der neuen Leo Castelli Gallery in SoHo (Manhattan) war die erste Schau mit aktuellen Arbeiten Warhols, seit er sich 1965 seiner eigenen Aussage nach von der Malerei distanziert hatte.

Schatten der Dinge: *Shadows*

Sechs Jahre später stellte Warhol mit den 83 *Shadows* eine Serie abstrakter Motive her. Deren Bezug zu konkreten Objekten ist auf den einzelnen Bildtafeln nicht direkt sichtbar und muss vom Betrachter ergänzt werden. Nach Fotografien von Schatten verschiedener Dinge aus Warhols Büro entstanden mittelbar gegenständliche, ungewöhnliche Arbeiten, die zwar nichts Konkretes der Alltagskultur zeigen, deren Formen aber deren indirekte Abbilder sind. Man könnte in diesen Anspielungen komplexe philosophische Überlegungen über die Realität, deren Abbildbarkeit und den Schein des Visuellen erwarten – aber nicht bei einem Künstler wie Andy Warhol. Bei ihm geht es wie immer schlichter, pragmatischer und letztlich doch wieder direkter zu. Es gibt keine weitschweifenden theoretischen Überlegungen, sondern es steht am Anfang eine visuelle Attraktion, die als Entstehungsimpuls hinreichend ist, wie sich sein damaliger Assistent, Ronnie Cutrone, erinnert: »Andy sagte immer, daß er die Ecken seiner Siebdrucke besonders mochte, wo das Sieb ausläßt und nur noch verwischte Flecken übrig bleiben. Er sagte zu mir: ›Oh, das sieht doch so hübsch aus. Warum können wir nicht etwas machen, das so ähnlich ist?‹ Die Shadows boten ihm die Möglichkeit, etwas Abstraktes zu machen, das trotzdem immer noch was Reales hatte.« (zit. n. BO, S. 449) Diese Mischung funktionierte auch für das Publikum, denn die *Shadows* waren ein Verkaufsschlager, und alle Werke hatten einen neuen Besitzer gefunden, noch ehe die Ausstellung 1979 in der Heiner Fried-

> »Die *Shadows* wurden als existentielle Aussage diskutiert, als alles und nichts, als so flüchtig, veränderlich und immateriell wie echte Schatten.« (Die Kunsthistorikerin Donna De Salvo; zit. n. Bastian 2001, S. 51)

rich Gallery in New York eröffnet war. Auf den ersten Blick scheinen die *Shadows* einander sehr ähnlich zu sein, sie unterscheiden sich aber doch in Farbgebung und Strichführung. Rein formal erinnern sie an Werke, die an den Wänden einer Cocktailbar hängen könnten und dem flüchtigen Betrachter vage bekannt vorkommen. Warhol selbst hat sie einmal als »Disco-Dekor« bezeichnet (zit. n. De Salvo 2001, S. 52). Aber vielleicht sind es die Spuren der in ihnen verborgenen Gegenstände, die ihr Geheimnis generieren und sie über die gefällige Dekorationskunst hinausheben.

Als ein weiteres Motiv tauchte ab 1976 der Totenkopf in Warhols Werk auf. Das Thema ist innerhalb der Kunstgeschichte nicht neu, sondern ein traditioneller Bestandteil der Memento-mori-Bilder. Allerdings lassen sich die isolierten Totenköpfe vor poppig buntem Hintergrund kaum mehr mit dieser Tradition zusammenbringen. Es fehlt ihnen vor allem der Bedeutungszusammenhang.

Bis zu seinem Tod folgten noch einige Serien, die thematisch und stilistisch an die früheren Serien anschließen. Ob Warhol Dollarzeichen (1982) oder deutsche Monumente wie den Kölner Dom und Goethe (1982) malte – was die Darstellung anging, entstand dabei in den letzten Jahren seines Schaffens nichts wirklich Neues. Das abschließende Werk dieser Art ist eine Auftragsarbeit von Mercedes Benz, die Warhol 1986 annahm, aber nicht mehr vollenden konnte. 80 Bilder sollten es werden, die anhand von 20 ausgewählten Autotypen die Geschichte des Mercedes erzählen. Entstanden sind 35 Bilder und zwölf großformatige Zeichnungen, die acht verschiedene Modelle darstellen. Funktioniert hat Warhols Ästhetik auch bei dieser Arbeit, sei es bei dem *Benz Coupé Mylord von 1901* oder bei dem *Mercedes Benz Formel-I-Rennwagen W 196 R Stromlinie von 1954*.

Gesellschaft: ***Disaster*-Serie (ab 1962), *129 Die in Jet!* (1962), *Five Deaths Seventeen Times in Black and White* (1963), *Vote McGovern* (1972), *Atomic Bomb* (1973), *Oxidation Painting* (1978)**

Es ist schwer, die Bilder Warhols nicht als gesellschaftskritisch zu werten; es ist aber auch schwer, sie als bewusst kritische Kommentare zur Gesellschaft zu begreifen. Das liegt an ihrer kompromisslosen Neutralität, die wiederum ein probates Mittel der Anklage ist. Letztlich tut man Warhol allerdings sicher nicht unrecht, wenn man ihn als unpolitischen Künstler bezeichnet, auch wenn bei der einen oder anderen Arbeit ein politischer Hintergrund denkbar ist.

Tägliche Katastrophen: *Disaster*

Auf Anraten seines Freundes Henry Geldzahler begann Warhol ab Juni 1962 seine Serie der sogenannten *Disaster*-Bilder. Ausgangspunkt sind Abbildungen aus der Tagespresse, die er aus dem Kontext herauslöst und als Vorlagen nutzt. Man hat den Eindruck, es sei für ihn unerheblich, ob es sich bei dem Motiv um Konsumartikel, Katastrophe oder Blume handelt, die künstlerische Transformation ist mit jedem Genre und jeder Thematik möglich, theatralische und dramatische Effekte ebenso. Warhols Bearbeitung macht aus allen Motiven eine Kulisse, die sämtliche Inhalte marginalisiert und vor der sich dennoch das menschliche Dasein in seinen unterschiedlichen Facetten zeigt.

»Ich begriff, daß alles, was ich tat, mit dem Tod zusammenhängen mußte ... Die Todes-Serie, die ich machte, hatte zwei Teile: Im ersten ging es um berühmte Tote, im zweiten um Leute, von denen man nie was gehört hat, über die man aber auch mal nachdenken sollte, wie ich fand.« (Andy Warhol; zit. n. BO, S. 172)

Das erste Werk der *Disaster*-Reihe trägt den Titel *129 Die in Jet!* (1962). Als Vorlage diente Warhol das Foto auf der ersten Seite des *New York Mirror* vom 4. Juni 1962. Die Wirkung des Bildes ist nicht mit späteren Werken ähnlicher Thematik vergleichbar. Im Vorgang des Abmalens einer Zeitungsseite bleibt doch noch ein Rest der individuellen Künstlerhandschrift erhalten. Warhol experimentierte in der folgenden Zeit mit den verschiedenen Verfahren, die er aus seiner Praxis der Werbegrafik bereits kannte, nämlich mit handgeschnittenen Schablonen, Gummistempeln und Holzblöcken – aber auch sie zeigten noch zu viel Individualität in der Gestaltung. Die Lösung des Problems fand er erst, als sein Assistent Gluck ihm zu Siebdrucken riet. Mit dieser Technik konnte Warhol nun in Serie und Masse produzieren.

Geschickt benutzte er Motive aus Zeitungsausschnitten, die in ihrer speziellen Bildsprache dem kollektiven Unterbewusstsein längst einverleibt waren. Diese Art von Bildern sehen wir tagtäglich und haben uns – horribile dictu – an sie gewöhnt. Auch wenn Warhol mit diesen Arbeiten die Probleme der Bildüberflutung durch die Massenmedien und die daraus folgende Abstumpfung thematisiert, scheint er doch noch mehr beabsichtigt zu haben. Deutlich wird dies in Arbeiten wie *Siebzehnmal Fünf Todesfälle in Schwarzweiß* von 1963. Neben den mehrfach wiederholten Motiven befindet sich eine ebenso große leere Fläche. In dieser räumlichen Entsprechung liegt auch der Schlüssel zur Deutung, denn durch die gleiche Größe werden die Bedeutungsebenen einander ebenbürtig. Es geht nicht nur um die dargestellten Katastrophen, es geht um unseren Umgang mit ihnen. Der leere Raum ist die Projektionsfläche, auf der wir uns und unsere Haltung den Geschehnissen gegenüber spiegeln können.

»Meines Erachtens versuchte er nicht, mit diesen Bildern sozialkritische Aussagen zu machen. Es ist viel wahrscheinlicher, daß er von bestimmten Bildern ›angemacht‹ wird, und Bilder, die ihn ›anmachen‹, sind aufgeladene, explosive Bilder. Ich glaube, daß die Bilder vom Tod, von Korruption, von Verfall ihm viel näher stehen.« (Henry Geldzahler, Kurator am Metropolitan Museum und langjähriger Freund Warhols; zit. n. BO, S. 174)

Wider die Gleichgültigkeit

Die Gleichgültigkeit, mit der sich der Großstädter immer wappnen muss, um in seiner tragischen Umwelt überhaupt existieren zu können, steht plötzlich zur Debatte. Was ist mit uns Menschen geschehen, dass wir derartig abgestumpft der Welt und ihren Tücken gegenüberstehen? Was macht uns aus, wenn nicht das Mitleid, das aber allzu offensichtlich einer Gleichgültigkeit gewichen ist? Es sind existentielle Fragen, die Warhol zur Disposition stellt, auch wenn er eine solche Absicht sicherlich vehement abgestritten hätte. Dieser Tiefgang passte nicht zum Image des kalkulierenden Künstlers, der bereit war, seinem Erfolg alles zu opfern. Die Bilder strafen auch in gewisser Weise den viel zitierten Ausspruch Warhols Lügen, wenn man alles über ihn wissen wolle, dann solle man nur auf die Oberfläche schauen, es sei nichts weiter dahinter – und gleichzeitig bestätigen sie ihn. Es war natürlich etwas dahinter: Ein Künstler, ein Grafiker, wohl wissend um die optische wie psychologische Wirkung verschiedener Effekte, setzt solche Brüche nicht unbeabsichtigt ein. Gleichzeitig reicht der Blick auf die Oberfläche, um die gewünschte Wirkung zu erzielen. Die leere Leinwand ist eben leer. Aber es ist eine Leere, die auf den Rezipienten wirkt – eine schlichte Wirkung oder vielmehr die Wirkung schlichter Effekte, darin lag Warhols Meisterschaft.

Erstaunlicherweise wurden die *Disaster*-Bilder in New York nicht ausgestellt, weil sie den Galeristen zu düster und negativ waren. Gerade mit diesen Themen aber eroberte Warhol das kopflastige Europa und hatte 1964 in Paris seine erste und sehr erfolgreiche Ausstellung.

Vote McGovern

1972 bekam Warhol den Auftrag, das Wahlplakat für den demokratischen Präsidentschaftskandidaten Senator George McGovern zu entwerfen. Dafür wählte er ein Porträt des Gegenkandidaten Nixon, die Bildunterschrift bestand in der lakonischen Aufforderung *Vote McGovern*. Der Witz liegt in der Diskrepanz zwischen Text und Abbildung. Warhol stellt nicht das dar, was er bewerben will, sondern zeigt das, wogegen sich das Wahlplakat richtet. Diese Idee hatte er von Ben Shahn übernommen, einem amerikanischen Künstler des sozialistischen Realismus, der 1964 ein Wahlplakat für Lyndon B. Johnson entworfen hatte, das den Gegenkandidaten Barry Goldwater auf äußerst unvorteilhafte Weise zeigte und mit dem Rat aufwartete, wenn man gegen den Dargestellten sei, dann müsse man Johnson wählen. Warhol erwies sich bei seiner Arbeit, die man vor allem in Europa als politisches Statement las, also gleichermaßen als Reflektor und Transformator bestehender Ideen. Unglücklicherweise war es Nixon, der die Wahl gewann, und er zeigte sich den

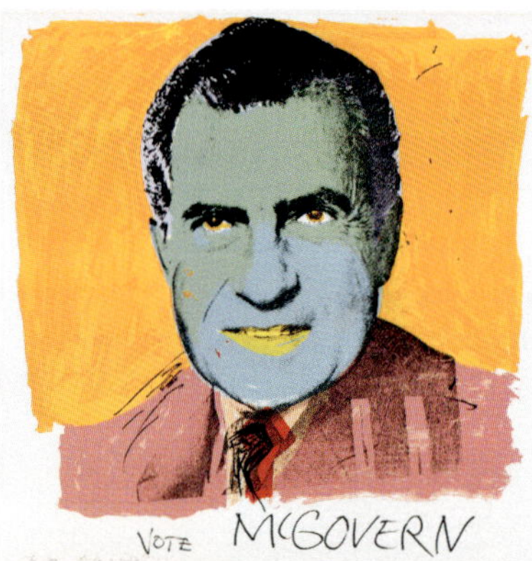

Ein Wahlplakat, das für den Künstler unangenehme Folgen hatte: *Vote McGovern*, 1972

Künstlern gegenüber, die gegen ihn Wahlkampf betrieben hatten, nachtragend. Für Warhol wie auch für Rauschenberg und den Schriftsteller Norman Mailer zog die geleistete Wahlhilfe langjährige strenge Prüfungen durch die Steuerbehörde nach sich.

Atomic Bomb

Ein Jahr später versucht sich Warhol am Abbild der *Atomic Bomb.* Zu sehen ist natürlich nicht die Bombe selbst, sondern der atomare Wolkenpilz, der als visuelles Ereignis des Jahres 1965 ins allgemeine Bildrepertoire eingegangen war. Das Motiv wird in mehreren Reihen nebeneinandergesetzt, wobei es in den unteren Reihen immer kleiner und zahlreicher wird; dadurch verliert es zunehmend seinen realen Charakter, der Abstraktionsgrad des Dargestellten wird höher. Das Werk liest sich wie ein Lehrstück der Manipulierbarkeit eines Motivs durch seine technische Behandlung. Sind bei den ersten Drukken deutlich helle und dunkle Partien zu unterscheiden, so nehmen mit steigender Druckzahl die schwarzen Partien zu – und verwandeln das Gezeigte, das durch unser Wissen negativ aufgeladen ist, in ein schwereloses Gebilde, dessen Inhalt immer undeutbarer wird. Man kann auch dieses Bild interpretieren als eine optische Umsetzung von Warhols Überzeugung, dass durch die Wiederholung jedes Motiv seinen Schrecken verliert. Allerdings thematisiert *Atomic Bomb* nicht nur die Abstumpfung der Sinne des Betrachters, sondern auch die Veränderungen durch den wiederholten Druckvorgang. Letztlich schleicht sich so die Künstlerhand als doch wieder erkennbares Gestaltungsmedium zurück in den Kunstprozess. Druckmaschinen als reine Vcrviclfältigungsapparate können natürlich ein Motiv beliebig oft reproduzieren, ohne dass sich dabei qualitative Verän-

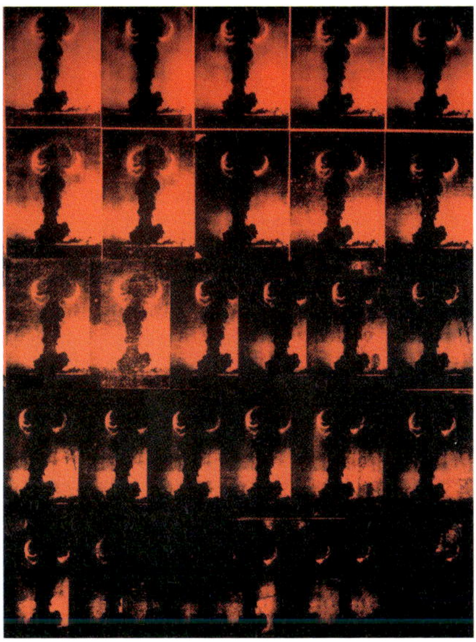

Red Explosion, 1963

derungen ergeben, was bei den handgefertigten Drucken des Künstlers nicht der Fall ist.

Piss Paintings

Die als Oxidations-Serie ausgestellten *Piss Paintings* von 1978 waren ein technisches Novum im Œuvre Warhols, obwohl er in seiner Anfangsphase als Maler schon einmal mit dem Urinieren auf Bildern experimentiert hatte. Jetzt aber entwickelte er eine Methode ungewöhnlicher Bildproduktion: »Die großformatigen abstrakten Bilder bestehen aus mit einer Mischung aus synthetischem Acrylbindemittel und Metallstaub bemalten Leinwänden, auf die er und seine Mitarbeiter urinieren, während die Farbe noch feucht ist.« (Bauer 2004, S. 53) Abgesehen von der abstrakten Qualität so entstandener Bilder lieferte die spezielle Technik einen weiteren, sehr eigenen Kommentar zum Kunstmarkt.

Menschen: Elvis Presley (ab 1962), Marilyn Monroe (ab 1962), Jackie Kennedy (1963), *The Thirteen Most Wanted Men* (1964), Mao (1972), *Ladies and Gentlemen* (1975), Joseph Beuys (1979)

Für Menschen interessierte sich Warhol, weil er sie als wandelnde Geschichtenfabriken sah, bei denen es immer etwas zu entdecken gab. Klatsch und Tratsch über die Schönen und Reichen liebte er – und einige seiner ›Helden‹ wie Elvis Presley, Liz Taylor und Marlon Brando wurden mit seiner Hilfe auch im Bereich der bildenden Kunst unsterblich. Dabei spielten unter anderem die Galeristen eine wichtige Rolle, denn abgesehen von der Zurschaustellung selbst übernahmen sie, wie das bei Irving Blum und den Campbell's-Suppendosen der Fall war, Verantwortung für die Präsentation des Seriellen. »Seine Darstellungen Elvis Presleys, die er auf lange

»Ich glaube nämlich, dass jedes Bild dieselbe Größe und dieselbe Farbe haben sollte, damit sie alle austauschbar sind und keiner mehr denkt, er hätte ein besseres oder ein schlechteres Bild. Und wenn das eine ›Meisterwerk‹ gut ist, dann sind alle gut. Übrigens, selbst wenn das Thema anders ist, man malt immer das gleiche Bild.« (Andy Warhol; PH, S. 136)

Leinwände mit bis zu acht (sich teilweise überschneidenden) Wiederholungen desselben Motivs bedruckt hatte, schickte er dem Galeristen und ließ offen, wo die ›einzelnen‹ Drucke zu zerschneiden, also die innerbildlich seriellen Bilder in außerbildlich serielle zu verwandeln seien.« (Thierolf 1998, S. 34) Warhol vertraute den Könnern in seiner Umgebung und nutzte deren Fähigkeiten zielsicher für seine eigenen Projekte.

Marilyn Monroe

Am 4. August 1962 nahm sich Marilyn Monroe das Leben, und Warhol beschloss bald danach, eine Porträt-Serie von ihr anzufertigen. Als Vorlage diente ihm dabei ein Bild aus dem Film *Niagara*. Zunächst umriss Warhol den Kopf, das Gesicht mit Lidschatten und Lippen und die Schultern, bevor er die so bemalte Leinwand mit Farben bedruckte. Ob er zu den eigenwilligen Farben der Marilyn-Drucke wirklich durch ein unscharf eingestelltes Fernsehgerät animiert wurde, wie Bockris in seiner Biographie schreibt, sei dahingestellt (vgl. BO, S. 447). Warhol selbst äußerte sich dazu pragmatischer: »Ob es symbolisch ist, Monroe in solch grellen Farben zu malen: es ist Schönheit, und sie ist schön, und wenn etwas schön ist, dann heißt das schöne Farben, das ist alles.« (zit. n. SA, S. 58) Auffallend ist die Farbgebung in jedem Fall, denn Warhol verstärkte die Farben des Lippenstifts, des Lidschattens und der Haare, die schon bei der realen Monroe ins Auge fielen. An-

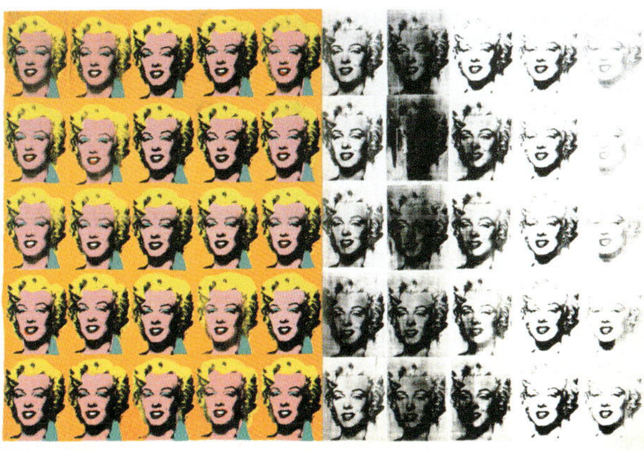

Ein Porträt, das nicht nur die Schauspielerin berühmt gemacht hat: *Marilyn Diptych*, 1962

gesichts des grellen Make-ups drängen sich dem Betrachter sowohl Kommentare zur Funktion von Schminke in der modernen Gesellschaft generell wie auch im Besonderen in der Welt des Glamours auf. Obwohl man angesichts von Fotos in den Hochglanzmagazinen meinen konnte, das konkrete Bild

Wie ein Moment ein Gesicht verändern kann: *Sixteen Jackies*, 1964

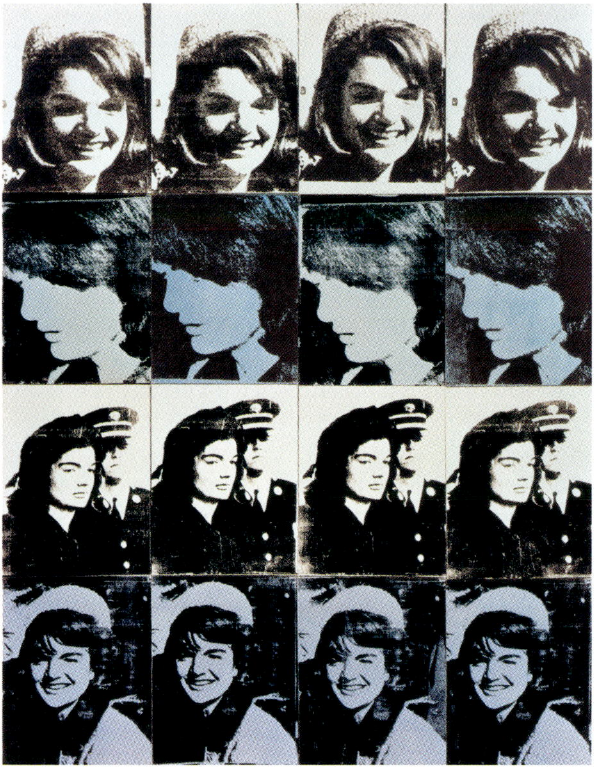

eines Stars vor Augen zu haben, handelte es sich doch nur um inszenierte Abbildungen, die von den Massenmedien begierig vervielfältigt und als offenkundige Wahrheiten dargestellt wurden. Wieder spielte das Motiv der Wiederholung in der Marilyn-Serie eine entscheidende Rolle, indem es den inflationären Umgang mit Bildern in der modernen Mediengesellschaft referierte. In dem Werk *Marilyn Monroe's Lips* ging Warhol dann noch einen Schritt weiter und thematisiert die schon fast pervers zu nennende Detailversessenheit dieser Zeit. »Die Isolierung bestimmter physiognomischer und anatomischer Details – Augen, Lippen, Brüste, Pobacken, Beine – spielt in der öffentlichen Wahrnehmung von Medienfiguren eine wichtige psycho-sexuelle Rolle. Dadurch, dass er das gesamte Bild ausschließlich mit Marilyn Monroes Mund anfüllt, unterstrich Warhol nicht nur diese Tatsache, sondern verwandelte ein physiognomisches Merkmal, das im Kontext des gesamten Gesichts etwas Glanzvolles hatte, in etwas Abstoßendes. Eine derartige Verbindung von Glamour und Hässlichkeit sollte in Warhols Werk noch häufiger auftreten.« (Shanes 2004, S. 122)

Sexsymbol Marilyn

In den folgenden Monaten des Jahres 1962 entstanden 32 Marilyn-Porträts unterschiedlichster Art, von der berühmten *Gold-Marilyn* mit Goldhintergrund und ikonenhafter Wirkung bis zu dem *Marilyn-Diptychon*, das 100 Wiederholungen ihres Gesichts zeigt. Dorothy Podber (Mitglied der Musikgruppe amphetamine rapture group) schoss mit Warhols Erlaubnis in der Factory auf einen Stapel dieser Porträts; vier der Arbeiten wurden getroffen und gingen als *Shot Marilyns* in die Kunstgeschichte ein.

Die Kritik reagierte gespalten auf Warhols Werke. »Das Marilyn-Diptychon hatte vom Optisch-Sinnlichen her eine Majestät, die an Pollock und Newman erinnert«, so der Kunstkritiker Peter Schjedahl (zit. n. BO, S. 154), während der Schriftsteller Ron Sukenick bemerkte: »Warhols Photo-Siebdruck-Serien von Marilyn Monroe sind ungefähr so empfindsam wie Fords vom Fließband: Jeder hat zwar eine andere Farbe, und doch ist jeder so wie jeder andere […].« (zit. n. BO, S. 155)

In der nächsten Zeit stellte Warhol alle seine früheren Gemälde auch als Siebdrucke her und malte außerdem rund 100 neue Bilder. Dabei ließ er sich von Katastrophen nicht aufhalten: Bald nach der Ermordung von J. F. Kennedy am 22. November 1963 entstand eine Serie mit dem Motiv der trauernden Witwe Jackie Kennedy. Besonders beeindruckend ist dabei das Werk *Jackie (The Week That Was)*, das sie vor dem Attentat auf ihren Mann und bei der Beerdigung zeigt. Die 16

Jackie Kennedy

Tafeln dokumentieren die Verwandlung von einem unbeschwert lachenden Gesicht, das den Betrachter frontal anblickt, zu einem dunkel verhangenen, trauernden Profil, das noch zur Hälfte von den Haaren verdeckt ist – so als suche Jackie Kennedy vor den neugierigen Augen der Journalisten ein klein wenig Privatsphäre. Damit spiegeln die Porträts den Schicksalsschlag in der Mimik der jungen Frau und werden zu einer Allegorie auf die Schattenseiten des Lebens.

Steckbrieflich gesucht, **vgl. S. 40**

Ein Jahr später erlebte Warhol mit einer seiner Arbeiten eine negative Überraschung. Für die Außenwand des von Philip Johnson errichteten amerikanischen Pavillons auf der New Yorker Weltausstellung von 1964 sollte er ein Kunstwerk schaffen. Diesem ehrenvollen Auftrag kam er mit einem 36 Quadratmeter großen Siebdruck nach, der den Titel *The Thirteen Most Wanted Men* trug. Zu sehen waren die Konterfeis von 13 in den USA steckbrieflich gesuchten Männern. Das wäre an sich noch nicht so anstößig gewesen, aber es handelte sich bei den Dargestellten ausschließlich um Menschen italienischer Abstammung. Um dem Diskriminierungsvorwurf zu entgehen, forderte der Gouverneur des Staats New York Warhol auf, ein anderes Bild zu liefern, ein Wunsch, dem der Künstler nicht nachkam. Stattdessen übermalte er die Porträts mit silberner Farbe und zeigte so für die Dauer der Ausstellung ein monochromes Gemälde.

Keine Themen mehr

Noch zwei Jahre dauerte Warhols künstlerischer Erfolg, dann schien er mit der bildenden Kunst am Ende zu sein. Ihm waren schlicht die Themen ausgegangen. Er war sich dieses Mangels durchaus bewusst und suchte bei seinem Freund, dem Kunstkenner Ivan Karp, Hilfe: »Ivan, es ist nichts mehr für mich übrig […]. Ich bin eine populäre Persönlichkeit […], aber ich habe keine Bilder.« Wie so oft hatte Karp auch dieses Mal einen Rat: »Was bleibt dir übrig? Mal dich selbst.« (zit. n. Shanes 2004, S. 70) Und wie so oft nahm sich Warhol den Rat des Freundes zu Herzen und schuf eine Reihe von Selbstporträts, die die Popikone Andy Warhol auch zu einem visuell unvergesslichen Star werden lassen. Sechs seiner Selbstporträts stellte er 1967 im amerikanischen Pavillon der Weltausstellung in Montreal aus.

Nachdem sich Warhol Ende der sechziger, Anfang der siebziger Jahre einmal mehr vorübergehend von der Malerei losgesagt hatte, richtete sich sein Interesse ab dem Winter 1971/72 wieder auf die zweidimensionale Fläche. Auch wenn er sich stets mit politischen Statements zurückgehalten hatte, malte er als Reaktion auf die berühmte China-Reise von Richard Nixon, der im Februar 1972 als erster US-amerikanischer Präsident China besuchte, Porträts von Mao Zedong. Das Motiv war in jedem Fall klug gewählt, denn 1971 war die Volksrepublik China in die UNO aufgenommen worden. Damit hatten chinesische Themen in den USA Hochkonjunktur, und so kamen die Mao-Porträts genau zum richtigen Zeitpunkt. Was die Menge betraf, ließ Warhol sich nicht lumpen und schuf gleich über 2000 Werke und einige Rollen Tapete mit Maos Konterfei. Als Vorlage diente ihm das offizielle Foto aus der kleinen Mao-Bibel, *Die Worte des Vorsitzenden Mao*, das er nun erstmalig innerhalb seines Œuvres auf gestisch bemalte Hintergründe druckte. Es entbehrt natürlich nicht einer gewissen Komik, dass Warhol, ein kapitalistischer Künstler durch und durch, in der Hochburg des Kapitalismus ausgerechnet den Führer der Kommunistischen Partei Chinas ins Zentrum einer seiner Bilderserien setzte. Warhols Zürcher Galerist Bruno Bischofberger äußerte Bedenken, dass er seinen Schweizer Kunden diese Porträts wohl kaum anbieten könne, eine Sorge, die sich allerdings als unbegründet erwies: Mao als Warhol-Druck war ein Verkaufserfolg; und wie man seit kurzem weiß, ist er noch heute so beliebt, dass er Warhol im Ranking der teuersten bei Auktionen verkauften Bilder an die erste Stelle katapultierte.

Mao

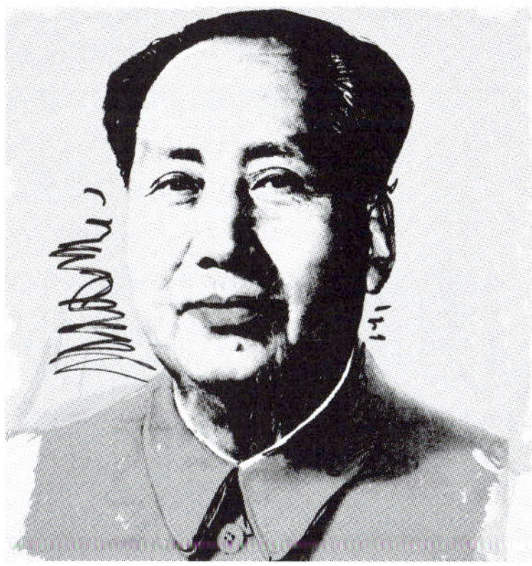

Die Ikone des Kommunismus als Bildmotiv des Kapitalismus: Mao, 1972

Aber auch schon zu Lebzeiten verdiente Warhol sehr gut – das hatte er bei seinem ausschweifenden Lebensstil und seiner unglaublichen Sammelwut aber auch nötig. Ohne Kompromisse und ohne Skrupel porträtierte er jeden, der bereit war,

25 000 Dollar zu zahlen: Rockmusiker, Schauspieler, Künstler, Prominente jeder Couleur, den Schah von Persien ebenso wie den philippinischen Präsidenten Marcos. Kopien des jeweiligen Gemäldes waren billiger als das Original und wurden vom Kunden häufig noch dazugekauft. Wenn man je mit Recht von Warhols Factory sprechen konnte, dann im Grunde in den Siebzigern, wo er eine wahre Porträtierungsmaschinerie in Gang hielt. Es wundert angesichts der Menge der Werke denn auch nicht, dass die Qualität dieser Arbeiten nicht gleichbleibend hoch ist und der innovative Wert gegen null tendiert. Die Porträts waren auch nicht dazu da, Kunstgeschichte zu schreiben. Sie dienten allein der Existenzsicherung, und dies auf zwei Ebenen; zum einen waren sie einer der Garanten für Warhols gesellschaftlichen Erfolg, zum andern sorgten sie für finanzielle Sicherheit. Mitte der siebziger Jahre verdiente Warhol mit seinen Porträts immerhin mehr als eine Million Dollar pro Jahr (vgl. Shanes 2004, S. 80). Seine Vorgehensweise war dabei so demokratisch wie der Verkaufspreis: Jeder zahlte gleich viel Geld, und alle mussten für Polaroidfotos Modell sitzen. Aus den Fotos wählte er eines aus und fertigte davon Siebdrucke in mehreren Farbversionen an.

Demokratische Kunstproduktion

Neben diesen Verkaufserfolgen entstanden aber noch einige weitere Serien, die thematisch interessant sind, wenngleich auch sie künstlerisch als längst nicht mehr so bedeutend wie seine Arbeiten aus den sechziger Jahren bewertet werden. Mit der Serie *Ladies and Gentlemen* von 1975 z. B. wandte sich Warhol einem sehr speziellen Thema zu, mit dem er mittelbar die Doppelmoral der damaligen Zeit dekuvrierte. Grundlage der Bilder waren Fotos, die Warhol von Homosexuellen und Transvestiten angefertigt hatte. Für die Serie erhielt er eine Auszeichnung von der New Yorker »Popular Culture Association«, aber gezeigt wurden diese Werke in den USA nicht. In Europa dagegen festigten sie seinen Ruf als vermeintlich sozialkritischen Maler vor allem in Frankreich und Deutschland, und dies um so mehr, als Warhol dort zusammen mit Joseph Beuys bei Vernissagen von Ausstellungen seiner Bilder auftrat. Joseph Beuys hatte Warhol nicht nur als echten, sondern auch

Ladies and Gentlemen

Joseph Beuys

als revolutionären Künstler gepriesen und saß ihm 1979 in New York Modell für einige Porträts. Die Gesichtszüge von Beuys sind mit Diamantstaub besprüht – »die Antwort eines Amerikaners auf Materialien (Tierfett und Menschenhaare), die Beuys in seinen apokalyptischen Werken verwendete«, so vermutet Bockris (1989, S. 462). Warhols Äußerung gegenüber Reportern: »Ich mag die Politik von Beuys. Er sollte in die USA kommen und dort politisch aktiv sein. Das wäre großartig … Er müßte Präsident werden« (zit. n. BO, S. 462), ist vielleicht nicht unbedingt Ausdruck seiner tatsächlichen politischen Meinung. Aber auf jeden Fall waren die beiden Kunstgiganten voneinander begeistert.

Paraphrasen: ***Thirty Are Better Than One*** **(1963),** ***Venus von Botticelli*** **(1984), Edvard Munch (1984),** ***The Last Supper*** **(1986/87)**

Paraphrasen, also Bearbeitungen bekannter Bildmotive, findet man im Œuvre vieler Künstler, z. B. bei Pablo Picasso oder Marcel Duchamp – und stets ist deren Auseinandersetzung mit großen Werken der Vergangenheit für den Betrachter erhellend, zeigt sie doch zum einen die Vorlieben des jeweiligen Künstlers und zum andern immer wieder dessen eigene Kunstauffassung.

Auch bei Warhol finden sich Paraphrasen, allerdings verwandelt er »fremde Kunstwerke nicht. Das ist die Sache von Picasso, dem besessenen Gen-Ingenieur der Formen. Die Seele der Werke, Ziel von Giacomettis unablässiger Suche, interessiert Warhol nicht. Sein erklärtes Geschäft ist die Oberfläche.« (Glozer 1994, S. 14) Warhols erste Paraphrasen entstanden 1963 als Reaktion auf die *Mona-Lisa*-Ausstellung, die im Januar des Jahres in Washington, im Februar im Metropolitan Museum of Art in New York gezeigt worden war. Hatte schon Marcel Duchamp es auf die *Mona Lisa* von Leonardo Da Vinci abgesehen, deren androgynen Charakter durch Hinzufügen eines kleinen Bärtchens zur Schau gestellt und damit eine Ikone der abendländischen Kunstgeschichte lächerlich gemacht, so weist Warhol kritisch auf ihre allgegenwärtige bildliche Verfügbarkeit hin. Besonders deutlich wird dies bei der

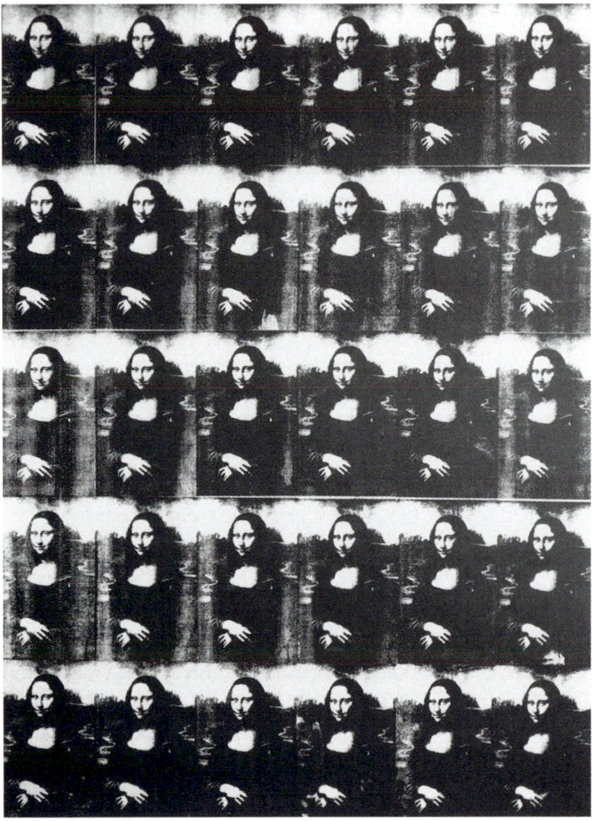

Thirty Are Better Than One, 1963

Arbeit *Thirty Are Better Than One*. Eines der berühmtesten Porträts der abendländischen Kunstgeschichte, die *Mona Lisa*, erscheint hier dreißigfach vervielfältigt. Die kleinformatigen Schwarzweiß-Drucke sind ohne Zwischenräume dicht an dicht nebeneinander aufgereiht, so dass sie die gesamte Bildfläche bedecken. Einziger Unterschied der Bilder: Das Schwarz ist je nach Druckzeitpunkt intensiver, d. h. die späteren Drucke weisen stärkere Grauabstufungen auf. Was bleibt vom Zauber der Mona Lisa, wenn sie so oft dargestellt wird? Was bleibt von einem Kunstwerk, wenn sich die Medien seiner bemächtigen? Was transportiert es jenseits des Hypes, der darum gemacht wird? Analog zu den *Disaster*-Bildern kann man die These aufstellen, dass die häufige Wiederholung den Schrecken ebenso wie das Besondere minimiert. Zigfache Vervielfältigung raubt auch einem Meisterwerk wie der *Mona Lisa* seine spezifische Bedeutung und lässt es in den Bereich des Banalen absinken. Auch ein Meisterwerk braucht die Distanz zum Betrachter, um seine tatsächliche Wirkung entfalten zu können. Warhol hat diese Distanz stets zerstört und so das Dargestellte marginalisiert, ein Mechanismus, der an Alltagsgegenständen erprobt wird und mühelos auf menschliche Ikonen wie die Monroe, aber auch auf die Ikonen der Kunstgeschichte zu übertragen ist. Kurioserweise gelingt es ihm mit der vervielfältigten *Mona Lisa*, deren Anblick man in der westlichen Hemisphäre ja an sich schon kaum entgehen kann, der ganzen medialen Entwicklung, die er damit zur Disposition stellt, noch die Krone aufzusetzen. Sein Werk reproduziert die *Mona Lisa* mit einer Schamlosigkeit, die sie in die Niederungen der Massenkultur transportiert. Fast müsste man Mitleid haben mit Leonardos Meisterwerk, das scheinbar nichts weiter als ein beliebig verfügbares Objekt ist.

Kunsthistorische Vorbilder

Aus dem großen Fundus der Kunstgeschichte wählte Warhol für seine Paraphrasen außerdem De Chirico, Tischbein, Piero della Francesca, Cranach, Picasso, Matisse und Raffael aus, und es ist noch heute spannend zu sehen, wie sich die »Großen Meister« unter seinen Händen verändern. Ob allerdings der Ausschnitt der Venus von Botticelli in Warhols Version tatsächlich aussieht wie »ein Kopf frisch von der Beauty Farm: kunstsonnenbestrahlt, die flammenden Strähnen, so scheint es, mit Schminkstift nachgezogen«, wie Laszlo Glozer schreibt (1994, S. 15), muss jeder Betrachter selbst entscheiden. 1984 entstanden Bearbeitungen einiger Bilder von Edvard Munch, für die er sich eine Klage wegen Schutzrechtsverletzung durch die Stadt Oslo einhandelte. Immer wieder beschäftigte sich Warhol, wie z. B. im Fall von Johann Heinrich Wilhelm Tischbeins berühmtem Gemälde *Goethe in der Campagna*, mit seinen Vorgängern, in einzelnen Arbeiten, die aber künstlerisch nicht unbedingt Neues bieten.

Spektakulärer sind da schon Warhols Paraphrasen zum *Letz-*

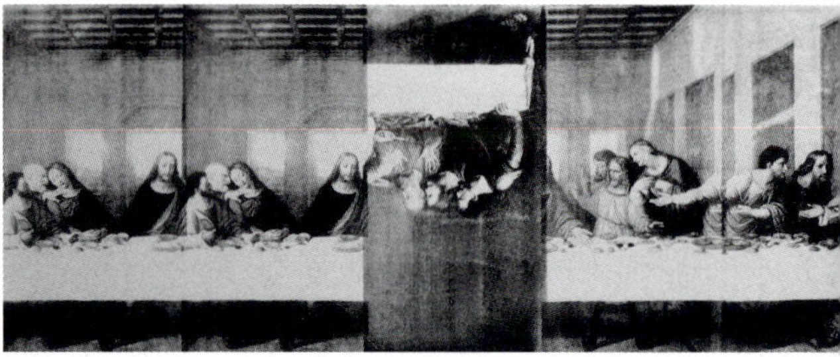

The Last Supper, 1986, wie Warhol es sah

Zu Warhols *Last Supper* vgl. Thierolf 1989

ten Abendmahl von Leonardo da Vinci, insgesamt über 100 Werke, die 1986/87 als Auftragsarbeit für den Kunsthändler Ale-xandre Iolas entstanden und noch einmal die gesamte Bandbreite seines Könnens im Bereich der künstlerisch bearbeiteten Reproduktionsgrafik zeigen. Warhol arbeitete zunächst nach Fotografien, die aber durchweg alle sehr schlecht und dunkel waren. Als Vorlage dienten ihm auch eine kleine Maquette, ein verkleinertes Skulpturenmodell, das er eines Tages an einer Tankstelle auf der Autobahn nach New Jersey gekauft hatte, sowie eine weitere Plastik, die er in der Nähe des Times Square erstanden hatte. Die entscheidende Vorlage stammte aber aus einem koreanischen Geschäft für religiöse Objekte; es handelte sich um eine von zahlreichen Kopien der Version aus dem 19. Jahrhundert. Ausgestellt wurde 1987 ein kleiner Teil des Werkkomplexes von Warhol in einer Mailänder Bank, gegenüber von Santa Maria delle Grazie, wo gleichzeitig Leonardos Original restauriert wurde.

»Ganz unauffällig war Andy mindestens einmal in der Woche, wenn nicht sogar täglich, zum katholischen Gottesdienst in die Kirche Saint Vincent Ferrer … gegangen, und danach war er immer viel netter und weniger zynisch.« (zit. n. BO, S. 480)

Welche Rolle der religiöse Gehalt des *Letzten Abendmahls* für Warhol spielte, ist schwer zu rekonstruieren, wie überhaupt über sein Verhältnis zur Religion wenig bekannt ist. Er sprach sich auf jeden Fall, ob aus ästhetischer oder religiöser Verehrung heraus, vehement gegen die Restaurierung des Originals aus und unterschrieb eine entsprechende Petition. Diese Haltung macht deutlich, dass sich Warhol mit seinen Paraphrasen von der Kunst Leonardos, bezogen auf den religiösen Gehalt, distanziert. Die

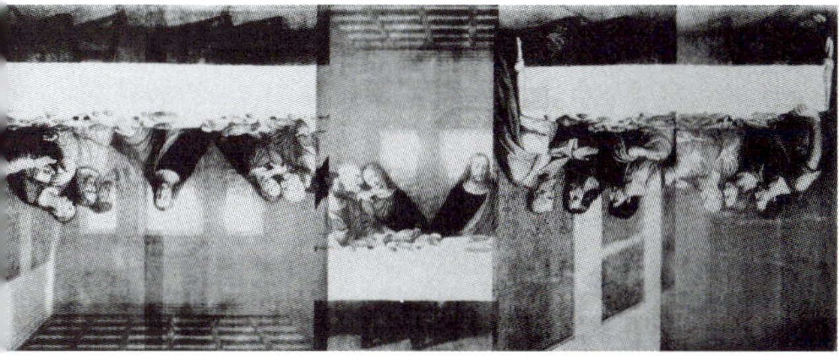

Kunsthistorikerin Carla Schulz-Hoffmann hat das treffend beschrieben: »Es kann nicht darum gehen, mit Leonardo zu konkurrieren. Vielmehr begreift Warhol den Auftrag als Möglichkeit der Reflexion über die enggesteckten Grenzen zeitgenössischer Kunst. Das Thema versinkt letztlich im Pool allgemeiner Beliebigkeit, ist de facto auch nicht besser als jede Campbell Soup Can. Warhols ›Last Supper‹ wird zur leicht konsumierbaren Ware und bedient auf breiter Basis die Sehnsucht nach Bildern als Dekor, Gebrauchsgut und zugleich religiöses Placebo in eine ›Ich will alles, aber sofort‹-Gesellschaft, die die Kunstwerke lediglich als passende und beruhigende Folie der Selbstinszenierung begreift.« (Schulz-Hoffmann 1998, S. 11) Warhol reduziert in vielen Arbeiten des *Last Supper* die Farbigkeit bis hin zur Eintönigkeit. Die großen Formate und die spärlichen grau-schwarzen Umrisszeichnungen unterstreichen diesen Effekt. Generell wirken die einzelnen Tafeln wie Fragmente, unfertig und nicht auf die Verheißungen des ewigen Lebens nach dem Tod ausgerichtet.

Leichte Kost

Objekte: *Brillo Boxes* (1964/65), *Silver Clouds* (1966)

Am 21. April 1964 wurde in der Stable Gallery in New York eine Ausstellung von Andy Warhol eröffnet. Der geneigte Besucher staunte vermutlich nicht schlecht, als er sich zur Vernissage einfand, denn mit einem herkömmlichen Galerieraum hatte das alles nichts mehr zu tun. Bis unter die Decke stapelten sich Verpackungskartons von Lebensmitteln. Die ehrwürdige Kunstgalerie sah aus wie das Warenlager eines Supermarkts. Zu sehen waren Kartons der Marken Brillo, Campbell und Heinz. Mit diesen täuschend echt nachge-

Stable Gallery, vgl. S. 40

machten Verpackungen positionierte Warhol sich erneut als Chronist der Massenkultur und lenkte das Augenmerk des Betrachters weg vom künstlerischen Aspekt des Werks hin zum banal Handwerklichen. Die aufwendig hergestellten Kisten kosteten 300 bis 600 Dollar, aber haben wollte sie damals niemand.

Sie stellen einen konsequenten Schritt in Warhols künstlerischer Entwicklung dar. Die einst zweidimensionalen, gemalten oder gedruckten Objekte, die kunsthistorisch gesehen an Duchamps Readymades anknüpfen, werden nun dreidimensional und erobern den realen Raum, den sie vorher nur suggestiv einnahmen. Man muss allerdings sagen, dass diese Art konsequenter Weiterführung, gemessen am damaligen Kunstkontext, nur Mittelklasse war. Die Luxuslimousine auf diesem Feld fuhr eindeutig Claes Oldenburg, der mit seinen »Soft Objects« dramatischere Wege beschritten hatte. Seine schlappen Stoffskulpturen, die sich gelegentlich auch erst auf den zweiten Blick als Abbilder von Alltagsgegenständen identifizieren lassen, machen ein damals noch weitgehend unentdecktes Material, das zudem eher eine Frauendomäne gewesen war, kunstfähig. Zwar thematisieren Warhols Werke beispielhaft den Kunstkommerz und tun dies witzigerweise auch noch in einem Tempel eben dieses Kommerzes, aber das reichte als Aussage nicht.

Die *Brillo Boxes* sorgten dann Anfang 1965 noch einmal für öffentliche Aufmerksamkeit. Sie sollten im März in Kanada ausgestellt werden, aber es gab Schwierigkeiten beim Zoll, denn die Objekte wurden nicht als Kunst deklariert und waren damit einfuhrzollpflichtig. Es kam zu einer öffentlichen Kontroverse, zu der sich am 8. März Warhol in der *New York*

»Er fragte: ›Was soll ich malen? Welches Motiv?‹ Mir fiel nichts ein. Ich sagte: ›Die einzige Sache, mit der sich niemand beschäftigt, ist das Pastorale ... Mein Lieblingsmotiv sind Kühe.‹ Er sagte: ›Kühe ... Natürlich! Kühe! Neue Kühe! Frische Kühe!‹« (Ivan Karp, Leiter der Castelli Gallery und langjähriger Freund Warhols; zit. n. Shanes 2004, S. 67)

Times folgendermaßen äußerte: »Mir ist das völlig egal. Ich finde, es passieren solch wichtige Dinge, daß man sich eigentlich keine Gedanken über ein paar dumme Kisten machen sollte.« (zit. n. BO, S. 218)

Ein Jahr später versuchte sich Warhol ein nächstes und letztes Mal an Objekten. Sie waren Teil einer Ausstellung, die 1966 bei Leo Castelli stattfand und bereits ein inhaltliches Ende der Kunst Warhols andeutete. Zu sehen gab es eine Kuhtapete, mit der die Wände der Galerie tapeziert waren, und silberne, mit Helium gefüllte Kissen, die im gesamten Ausstellungsraum herumschwebten. Warhol selbst sagte zu seinen *Silver Clouds*: »Ich wollte nicht mehr malen, also dachte ich mir, dass ich für mich der Malerei ein Ende setzen könnte, wenn ich ein schwebendes Bild schaffe, also erfand ich die silbernen Rechtecke, die man mit Helium füllt und aus dem Fenster schweben lässt.« (zit. n. Shanes 2004, S. 68)

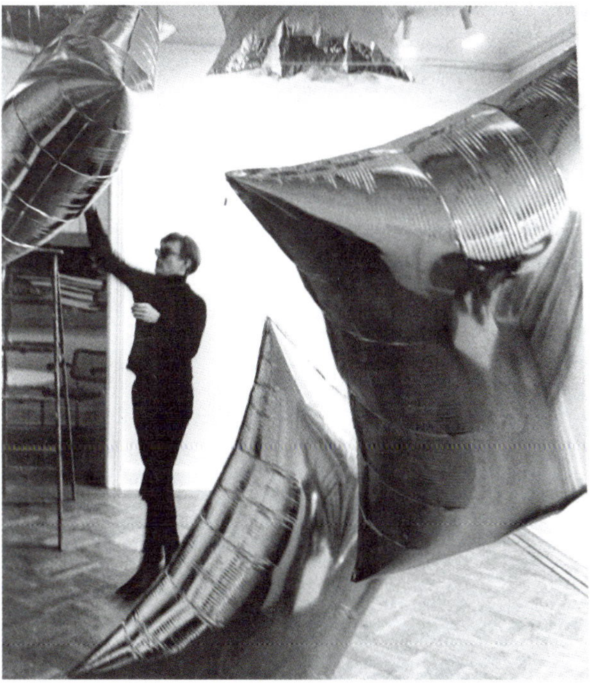

Andy Warhol mit seinen *Silver Clouds* im Atelier, 1966

Auch wenn die *Silver Clouds* zwei Jahre später von Merce Cunningham in seinem Ballett *Rain Forest* als Dekoration eingesetzt wurden, war der Erfolg dieser Objekte eher gering. Und sie stehen am Ende der wirklich großen künstlerischen Schaffensperiode von Andy Warhol.

Filme: *Sleep* (1963), *The Chelsea Girls* (1966), *Flesh* (1968), *Blue Movie* (1968), *Trash* (1970), *Bad* (1976)

1965 gab Warhol bei einer Ausstellung in Paris bekannt, er werde sich nun nicht mehr mit Bildern befassen, sondern nur noch Filme drehen. Auch wenn er seinen Worten nicht die entsprechenden Taten folgen ließ, so steht doch fest, dass Warhol tatsächlich gern ein berühmter Filmemacher geworden wäre. Er wäre auch gern ein großer Regisseur oder Produzent geworden, am liebsten einer der ganz Großen in Hollywood; doch diese Träume haben sich nicht erfüllt. Zwar hat er zahlreiche Filme gedreht, aber zu mehr als dem Ruf, ein erfolgreicher Underground-Filmer zu sein, hat es nicht gereicht. Die meisten seiner Filme hatten leidliche Kritiken, brachten aber in finanzieller Hinsicht wenig ein. Einige seiner Experimente sind von historischem Interesse und konnten z.T. nur in der aufklärerischen Stimmung der sechziger Jahre überhaupt Furore machen. Bemerkenswert sind sie allemal: Seine frühen Versuche, die technischen Möglichkeiten auszureizen, um spezielle Effekte zu erzielen, wie z.B. bei *Sleep*, einem mehrstündigen Film ohne Schnitte und mit einer einzigen Kameraeinstelllung; die freie Improvisation der Amateurschauspieler, die keinerlei Drehbuch zur Verfügung hatten; und nicht zuletzt die tabulosen Themen und Sexszenen – das waren wichtige Schritte in der Filmgeschichte, auch wenn ein Skandalerfolg, wie ihn etwa der 1972 in den Kinos angelaufene Pornofilm *Deep Throat* erzielte, für Warhol ausblieb. Er selbst sagte über die Motivation für seine Filme: »Ich finde, Filme sollten lüsterne Wünsche befriedigen. Ich meine, wie ist es denn heutzutage – die Leute sind einander doch entfremdet. Hollywoodfilme sind nichts anderes als hartkalkulierte Geschäfte […]. Aber ich glaube wirklich, daß Filme die Menschen erregen sollten, die Zuschauer verrückt auf Leute machen sollten, geil sein sollten. Geilheit gehört dazu. Die macht dich glücklich. Die hält dich auf Trab.« (zit. n. BO, S. 357)

Gegen Ende des Jahres 1963 kaufte sich Andy Warhol eine 16-mm-Kamera und nahm seinen ersten Film mit dem Titel *Sleep* auf. Zu sehen war sein Freund de Antonio, der den ganzen Film über nichts anderes tut, als zu schlafen. Die Kamera zeigt ihn von allen Seiten und fährt immer wieder an seinem Körper entlang – sonst passiert nichts. Der Film dauert sechs Stunden. Warhol wiederholte die 20-minütige Sequenz 18 Mal. Zustande gekommen war die Aufnahme mit Hilfe eines Motors, den Warhol an der Kamera befestigt hatte, so dass er ein längeres Stück Filmrolle belichten konnte. In ähnlicher Manier entstanden später u. a. Filme wie *Blow Job*, *Dance Movie*, *Haircut* (Billy Linich bekommt einen Haarschnitt), *Eat* (Robert Indiana isst einen Pilz), *Henry Geldzahler* (raucht 100 Minuten lang eine Zigarette), *Salome and Delilah* und *Tarzan and Jane Regained … Sort of*. Warhol nennt zwei Gründe für die Handlungsarmut seiner Filme: »Ich machte meine ersten Filme mit nur einem Schauspieler, der mehrere Stunden lang das gleiche tat: Essen oder Rauchen oder Schlafen. Das machte ich, weil die meisten nur ins Kino gehen, um den Star zu sehen, ihn aufzufressen, so hat man hier endlich die Möglichkeit, solange man Lust hat, nur den Star anzugucken …. Es war aber auch einfacher zu drehen.« (zit. n. SA, S. 64)

Sleep

»Wenn nichts passiert, hat man die Möglichkeit, über alles nachzudenken.« (Andy Warhol; zit. n. Shanes 2004, S. 57)

Für das »einfache Drehen« zeigte Warhol ohnehin großes Talent. Aus den Aufnahmen, die in den Sommermonaten 1966 in der Factory gemacht wurden, schnitten er und Paul Morrissey einen Film von sechseinhalb Stunden, in dem sich Einzelszenen aus dem Alltag der Factory mit ihren verschiedenen Superstars und Gästen handlungsfrei aneinanderreihen. Da dies auch für Warhols Begriffe zu lang war, wurde der Film *The Chelsea Girls* in zwei Hälften geteilt, die gleichzeitig nebeneinander auf zwei Leinwände projiziert wurden. Der Ton wechselte zwischen den Leinwänden hin und her. »Die Nebeneinanderstellung von Tableaus und Action, von Farbe und

The Chelsea Girls

Schwarzweiß, von Ton und Stille verlieh *The Chelsea Girls* eine ganz besondere Ästhetik. Das Ganze wirkte irgendwie schizophren, wenn etwa dieselben Darsteller nebeneinander auf der Leinwand auftauchten, ganz unterschiedliche Seiten ihrer Persönlichkeit zeigten und dadurch aus *The Chelsea Girls* etwas viel Großartigeres machten, als es jeder der beiden Filme für sich genommen gewesen wäre.« (BO, S. 276 f.) Auch das gehört zur großen Kunst des Filmemachens.

Kinoerfolg: *Flesh*

Zwei Jahre später entstand mit *Flesh* (1968) einer der wenigen finanziell erfolgreichen Filme Warhols, den Morrissey alleine verantwortete. Die Hauptrolle spielte Joe Dallesandro, der in dieser Zeit der männliche Superstar der Factory war und Warhols Wünschen genau entsprach, d. h. er war eher schweigsam und verbal unbeholfen, hatte einen fantastischen durchtrainierten Körper und keinerlei Probleme, diesen vor der Kamera zur Schau zu stellen. Erzählt wird die Geschichte eines New Yorkers, der von seiner Frau zur Prostitution gezwungen und so zu »Fleisch« degradiert wird. Anders als bei den vorherigen Warhol-Filmen gibt es nun eine nachvollziehbare Handlung, die mit geschnittenem Filmmaterial erzählt wird. Durchweg bleibt der Film naturalistisch und zeigt alle Sexszenen ohne Exotik und Erotik. Warhol selbst fungierte nur als Produzent, Regie und eigentliche Verantwortung lagen in den Händen von Paul Morrissey. Der Film lief im Oktober 1968 an, hielt sich sieben Monate in den Kinos und bildete damit eindeutig eine Ausnahme in Warhols filmischem Werk.

Blue Movie

Noch bevor das Publikum *Flesh* zu sehen bekam, entwarf Warhol zusammen mit den beiden zukünftigen Hauptdarstellern Louis Waldon und Viva ein neues Projekt. Man einigte sich darauf, ein Paar zu zeigen, das sich in einem Hotelzimmer trifft, um ein letztes Mal miteinander zu schlafen. Warhol arbeitete ohne festgelegtes Drehbuch und erklärte nach der Premiere von *Blue Movie* in einem Interview der Zeitschrift

Ohne Drehbuch

Vogue: »Drehbücher langweilen mich. Es ist viel aufregender, nicht zu wissen, was passieren wird. Ich glaube nicht, daß Handlung wichtig ist. Wenn man sich einen Film von zwei Leuten ansieht, die miteinander reden, dann kann man ihn wieder und wieder ansehen, ohne sich zu langweilen. Man läßt sich hineinziehen, man verpaßt Dinge, man kommt wieder darauf zurück …. Aber man kann sich einen Film nicht immer aufs neue ansehen, wenn er eine Handlung hat, weil man ja das Ende kennt … dies ist mein Lieblingsthema beim Filmen – einfach nur zuschauen, wie etwas passiert, zwei Stunden lang oder so …. Ich halte es immer noch für gut, sich etwas aus einem Menschen zu machen. Aber Hollywoodfilme machen sich nichts aus Menschen ….« (zit. n. BO, S. 357 f.) Über diese sehr schlichte Philosophie hinaus scheint Warhol tatsächlich kein weiteres Interesse an Filmen gehabt zu haben. Seine Darstellerin Viva formuliert dies so: »Weil Andy so scheu und komplexbeladen wegen seines Aussehens war, hatte er kein Privatleben. Dadurch, daß er sich herumtrieb und Filme machte, wollte er eigentlich nur herausfinden, wie ›normale Menschen‹ miteinander umgingen […].« (zit. n. BO, S. 343)

In *Blue Movie* (1968) arbeitete Warhol mit einem technischen Trick: Zur Farbintensivierung benutzte er trotz ausschließlicher Innenaufnahmen einen Tageslichtfilm. Gedreht wurde an einem einzigen Tag in einer Privatwohnung, wobei Warhol erneut auf lange Einstellungen mit unbewegter Kamera achtete. Man sieht ein Paar, das auf einem Bett miteinander redet, schläft, lacht, isst und sich schließlich wieder anzieht. Die Presse nahm den Film zunächst wohlwollend auf, aber nach kurzer Zeit wurde er wegen Obszönität von der Polizei beschlagnahmt – ein Urteil, das Warhol nicht nachvollziehen konnte: »Ich persönlich mag Pornografie […]. Ich hatte schon immer einen Film machen wollen, der nur Sex zeigte, nichts weiter, so wie *Eat* nur Essen gezeigt hatte und *Sleep* nur Schlafen. So drehte ich im Oktober '68 einen Film von Viva, wie sie mit Louis Waldon schläft […].« (zit. n. SA, S. 96 f.)

Trash

Nach *Blue Movie* übernahm Morrissey wieder das Zepter bei der Filmproduktion und landete mit *Trash* 1970 auch einen wirtschaftlichen Erfolg. Joe Dallesandro spielte als Strichjunge, der drogenabhängig und dadurch impotent geworden und somit für nichts mehr zu gebrauchen ist, erneut die Hauptrolle. Die direkte Darstellung der Drogenproblematik kam sowohl in den USA als auch in Europa bestens an. Der Film spielte über eine Million Dollar ein und erregte viel Aufmerksamkeit. Die nachfolgenden Filme wie z. B. *Women in Revolt* (1970), *L'Amour* (1970), *Blood for Dracula* (1973) und *Flesh for Frankenstein* (1976) blieben hinter dem Erfolg von *Trash* zurück.

Jed Johnsons *Bad*

Warhols letzter Film sollte auch sein teuerster werden und zugleich sein größter Flop. *Bad* kostete 1,2 Millionen Dollar und wurde von Warhols damaligem Lebensgefährten Jed Johnson verantwortet. Nicht nur wollte niemand den Film sehen, die Szene, in der eine Mutter ihr Baby aus dem Fenster eines Hochhauses wirft, sorgte für Probleme mit der Zensur. Aber damit nicht genug, wurde die negative Bilanz von *Bad* durch die aufkommenden Konflikte zwischen Warhol und Johnson, die schließlich zur Trennung des Paares führten, noch zusätzlich belastet.

Gelegentlich fällt es schwer zu sagen, wer für Warhols Filme eigentlich verantwortlich war. Kann man die Filme, bei denen Paul Morrissey allein Regie führte, überhaupt Warhol zuschreiben? Es scheint trotz aller Eigenständigkeit, die Morrissey genoss, so zu sein, dass die treibende Kraft hinter allen Produktionen, das energetische Zentrum, Andy Warhol war. »Geheimnisvoll ist immer noch, wie das alles zusammenhält. Mir kommt es wie die Vereinigten Staaten vor – die Idee, das Konzept, das Wesentliche (›die Revolution‹) stammen von Warhol; die Einzelheiten, die Materialien, die Leute stammen von überall her, und sie werden alle von Andy Warhol als dem geistigen Mittelpunkt zusammengehalten. Andy Warhol, der schon beinahe zum Symbol des Unverbindlichen, des Laissez-faire, des Coolen, des Passiven geworden ist – fast schon das Nichts in Person«, so beschreibt Jonas Mekas, der Leiter der »Film-Makers' Cooperative« und Herausgeber des Journals *Film Culture*, die mittelbare und unmittelbare Wirkungsweise Andy Warhols (zit. n. BO, S. 361).

Bücher:

***Andy Warhol's Index*, New York: Random House, 1967 · *A. A Novel*, New York: Grove Press, 1968 · *The Philosophy of Andy Warhol. From A to B and Back*, New York: Harcourt, Brace & Jovanovich, 1975 · *Andy Warhol's Exposures*, New York: Andy Warhol Books / Grosset & Dunlap, 1979 · *POPism. The Warhol Sixties*, New York: Harcourt, Brace & Jovanovich, 1980 · *America*, New York: Harper & Row, 1985**

Auch wenn Andy Warhol zwei oder drei interessante Publikationen als Autor vorzuweisen hat, war er auf diesem Gebiet doch keinesfalls ein großer Star. Es handelt sich aber bei den folgenden im Unterschied zu den Präsentationsbüchern, die in kleinen Auflagen für Warhols Privatgebrauch erschienen, um ›ordentliche‹ Publikationen in handelsüblichen Verlagen, die für jeden zu erwerben waren. So erschien 1967 *Andy Warhol's Index* bei Random House, ein Buch mit zahlreichen Fotos aus der Factory und Gimmicks wie z. B. einem weißen Luftballon und einer Single von Lou Reed. Auf dem Umschlag ist nicht Andy Warhol zu sehen, sondern der Schauspieler Allen Midgette, als Warhol verkleidet. Das Produkt wirkt allerdings insgesamt noch wie eine erweiterte Neuauflage der Präsentationsbücher.

Mit *A. A Novel* positionierte sich Warhol 1968 als erfolgloser Romanautor. Er veröffentlichte die transkribierten Tonbandaufnahmen von Gesprächen mit Ondine, einem seiner Superstars in der Factory, aus den Jahren 1965 und 1967. Dies einen Roman zu nennen ist eine für Warhol typische Idee, mit der er die Gattung bzw. deren Bedeutung in Frage stellt – offensichtlich kann man alles einen Roman nennen. Angeblich war

»Die Gestalten in Warhols Buch, wie so viele Charaktere aus seinen Filmen, repräsentieren die bizarre Klasse, ›untermenschenartige‹ Urbilder des technologischen Zeitalters, so weit entfernt von der Vergangenheit, von Lust und Schmerz, von Humanität und der heroischen Tradition, wie Pygmäen und Zwerge von edlen Rittern entfernt sind.« (Auszug aus einer zeitgenössischen Kritik; zit. n. BO, S. 349)

Andy Warhol posiert mit seinem Roman *A. A Novel*.

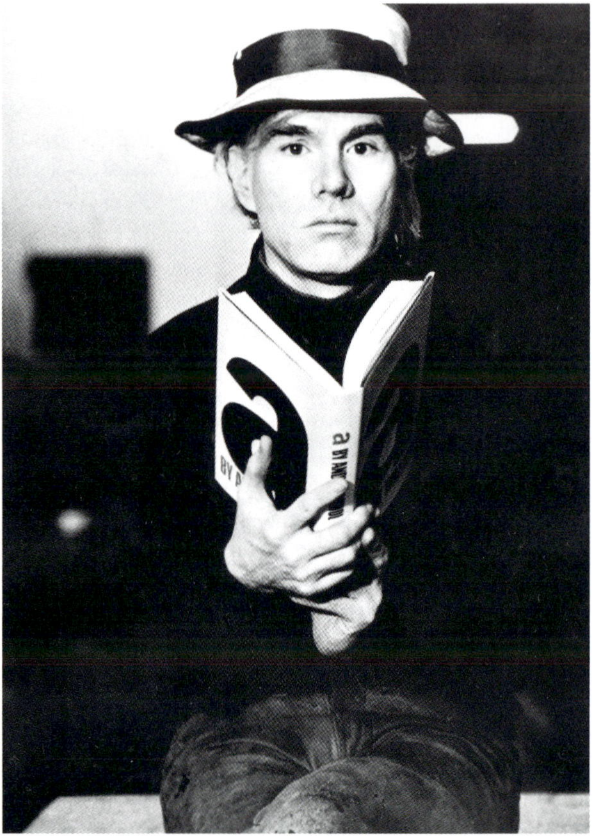

es Warhols Absicht, ein »schlechtes« Buch zu machen, weshalb alle Rechtschreibfehler und sonstigen Mängel beibehalten und gedruckt wurden. *A. A Novel* hat keinerlei Handlung vorzuweisen, sondern besteht nur aus Dialogen und ging auf dem Buchmarkt schlicht unter, sieht man von den vielen Verrissen der Kritiker einmal ab. Sein Ziel hatte Warhol also mit dieser Publikation erreicht.

The Philosophy of Andy Warhol

Im Herbst 1975 erschien mit *The Philosophy of Andy Warhol* sein erstes wirklich ernstzunehmendes Buch. Es handelt sich um eine von seiner Sekretärin Pat Hackett getroffene Auswahl von O-Tönen Warhols aus den Tonbändern, die sie redigierte und die von Bob Colacello, einem Politikstudenten, der seit 1971 als enger Vertrauter Warhols auftrat und seine Interessen gegenüber der Öffentlichkeit vertrat, inhaltlich ergänzt wurden. Obwohl das Buch häufig als Quelle für Zitate, die von Warhol persönlich stammen, genutzt wird, ist nicht ersichtlich, an welchen Stellen Korrekturen und Ergänzungen seiner Mitarbeiter den O-Ton verfälscht haben. Das unterschiedliche inhaltliche Niveau der Zitate ist bemerkenswert, denn neben den vielen Banalitäten, die erwähnt werden, tauchen auch einige philosophische Betrachtungen auf, die allerdings merkwürdig deplatziert wirken. Auf jeden Fall aber bietet das Buch einen guten Einblick in die Innenwelt des Andy Warhol, zeigt seine Überzeugungen wie Verzweiflungen und lässt erahnen, wie sich der Umgang mit den Menschen, die ihm wichtig waren, gestaltet hat. So wird etwa immer wieder aus Telefonaten zitiert, die er mit Brigid Polk führte, einer der wenigen, die über Jahre hinweg große Bedeutung für ihn hatten. Man erfährt Bemerkenswertes über seine Persönlichkeit, sein Aussehen wie auch über seine Vorliebe für bestimmte Unterhosen. Um ein Gefühl für das Universum Warhol zu bekommen, ist dieses Buch immer noch ein hervorragender Einstieg – wenn auch alle Äußerungen, die seine Hauptfigur über sich gemacht hat oder die andere über ihn gemacht haben sollen, mit Vorsicht zu genießen sind. Warhol wäre nicht Warhol gewesen, wenn der Marktstratege nicht gelegentlich korrigierend in die Beschreibung der Dinge und Zustände eingegriffen und manches für die Publikation umformuliert hätte.

Wer spricht?

Als Chronist des Tatsächlichen erwies sich Warhol allerdings, wenn er mit seiner Kamera unterwegs war und pausenlos, bei jeder Party, bei jedem Empfang, in Diskotheken, Restaurants und Kaufhäusern, Aufnahmen machte. 1979 veröffentlichte er schließlich seinen ersten Fotoband *Andy Warhol's Exposures*. Zu sehen sind Schwarzweißfotografien, die sein Umfeld, die damalige Kunstschickeria, zum Thema haben. Jede Berühmtheit, deren Warhol habhaft werden konnte, wurde abgelichtet – und das am besten in einer wenig schmeichelhaften Situation. Im Prinzip könnte man *Andy Warhol's Exposures* als visuellen »gossip« auf recht niedrigem Niveau bezeichnen.

Selbstbespiegelungen aller Art

Seine Sicht auf die sechziger Jahre stellte Warhol zusammen mit Pat Hackett 1980 in dem Buch *POPism. The Warhol Sixties* dar und legte damit in gewissem Sinn seine Memoiren vor. Diese Veröffentlichung polarisierte das Publikum; die einen lobten es als »beste Arbeit, die Warhol uns in irgendeinem Medium präsentiert hat« (BO, S. 454), die anderen werteten es als Abgesang auf eine verblichene Ära ab. Fünf Jahre später erweiterte Warhol seine Publikationsliste um den Bildband *America.* Die Fotoreportage zeigt Warhols persönliche Eindrücke von seinem Heimatland. Sein Leben verkörperte den amerikanischen Traum vom erfolgreichen, selbstbestimmten Dasein beispielhaft. Erstaunlich ist dabei, dass die Texte, die er seinen Fotos zur Seite gestellt hat, in ihrem Patriotismus einerseits und ihren sozialkritischen Aussagen andererseits viel konkretere politische Botschaften vermitteln als alle seine Kunstwerke. Auch die Bilder spiegeln Glanz und Elend der USA aus der Sicht Andy Warhols. In dem Band *Andy Warhol's Party Book* zeugen die vielen Fotos vom Glanz des ausschweifenden Lebens in der Factory, das, wie man in einigen Gesichtern sehen kann, aber auch seine Schattenseiten hatte. Die von Warhol noch kurz vor seinem Tod zusammengestellte Chronik seines Partylebens erschien 1988. Als Herausgeberin fungierte wieder Pat Hackett, die schon *The Philosophy of Andy Warhol* zusammengestellt hatte und auch für die Herausgabe seiner sogenannten *The Andy Warhol Diaries* 1989 verantwortlich war. Wer bei Letzterem Tagebuchaufzeichnungen im klassischen Sinne erwartet, der wird allerdings enttäuscht werden. Die *Diaries* sind die akribische Abschrift und sorgfältige Überarbeitung aller Telefonate, die Warhol täglich mit Pat Hackett geführt hat. Zwar macht die Lektüre dieser Dialoge einige seiner Besonderheiten verständlich, man kommt aber beim Lesen nicht umhin, gegen Phasen der Langeweile anzukämpfen; auch das 2006 bei der Deutschen Grammophon erschienene Hörbuch, das den Zeitraum von 1976 bis 1987 präsentiert, kann das nicht verhindern. Allerdings wäre diese Form von initiierter Langeweile sicher durchaus im Sinne Warhols gewesen.

Tagebücher für jedermann

Wirkung

Schon zu Lebzeiten war Andy Warhol populär wie kaum ein anderer Künstler. Zwar hat er weder direkte Schüler gehabt noch ein theoretisches Werk vorzuweisen, noch hat er um das Entstehen seiner Kunst ein Geheimnis gemacht, aber er hat ein vergleichsweise umfangreiches Œuvre hinterlassen, das inflationär Museen, Sammlungen und, als kostengünstige Reproduktionen, auch die Privathaushalte überschwemmte. Seine Wirkung war und ist immens. Es gibt Künstler wie z. B. Jeff Koons, die Warhols Einfluss auf ihr eigenes Schaffen explizit formulieren und die sich in gewissem Sinne als seine geistigen Erben sehen. Es gibt Künstler, die sein Werk zum Thema ihrer eigenen Kunst machen. Es gibt Musiker und Filmemacher, die sich auf ihn berufen. Und alle sind sie fasziniert in doppelter Hinsicht: nicht nur von seinen Werken, sondern vor allem von der beeindruckenden und beispielhaften Art, mit der er sein Leben gestaltete. Andrew Warhola hat der Welt gezeigt, dass sich die modernen Ambitionen auf Selbstverwirklichung des Individuums erfüllen lassen. In dem Arbeitersohn, der zum mächtigen Randgänger der Gesellschaft wurde, kulminierten verschiedene Entwicklungsmöglichkeiten, die sämtlich Befreiungsversuche des Einzelnen in der Gesellschaft darstellten. Sowohl in der Kunst wie in seinem Privatleben hat Warhol ungewöhnliche Lösungen gewählt; die Banalisierung künstlerischer Themen bringt er genauso zu einem legitimen Ende wie die Befreiung des Individuums

Jeff Koons

»Der Name Andy Warhol ist ein geläufiger Begriff wie Ringo Starr, Ultra Brite oder Racquel Welch. Andy Warhol ist der berühmteste Künstler von Amerika. Für Millionen ist Warhol die Personifizierung eines Künstlers. Seine geisterhafte Blässe, das silbrige Haar, die Sonnenbrille und das schwarze Lederjackett tragen zu seinem denkwürdigen Image bei, vor allem in Verbindung mit sensationellen Schlagzeilen ... einige behaupten sicher, daß Warhols größtes Kunstwerk ›Andy Warhol‹ ist.« (Der Kunstkritiker John Perrault in der Zeitschrift *Vogue*; zit. n. BO, S. 351)

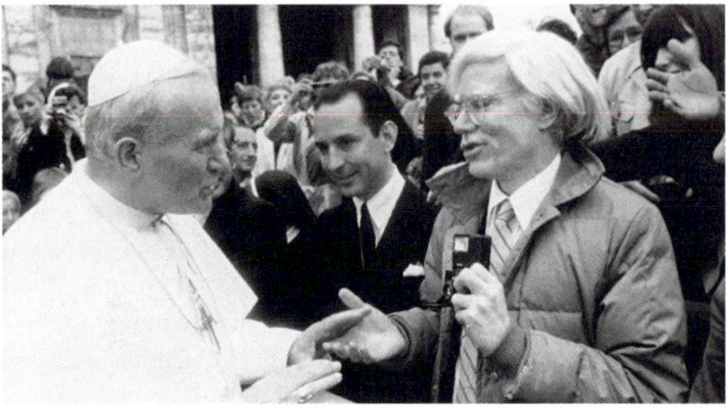

Selbst zum Shakehands mit Papst Johannes Paul II. hat es gereicht: Rom, 1980

von gesellschaftlichen Erwartungen und Zwängen. Sein Leben ist ein Paradebeispiel dafür, dass man mit Erfolg vieles machen kann, vor allem auf exzentrische Weise man selbst zu sein. Damit ist Andy Warhol nicht nur ein Protagonist des vergangenen Jahrhunderts, sondern auch probater Fixstern der Gegenwart.

Popikone Warhol: Jenseits der Pop Art

»Wer alles über Andy Warhol wissen will, braucht nur die Oberfläche anzusehen: die meiner Bilder und Filme und von mir, und das bin ich. Da ist nichts dahinter.« (zit. n. SA, S. 84) Was sich zunächst als Koketterie liest, ist vermutlich zutreffender als vieles, was man über Warhol, den im Grunde durch und durch theoriefreien Geist, geschrieben und gemutmaßt hat. Seine Werke, seien sie malerischer, grafischer oder filmischer Natur, verweisen nicht auf einen komplexen, übergeordneten theoretischen Zusammenhang, auch wenn sie thematisch aufeinander Bezug nehmen. Sie fügen sich nur partiell in gängige Strömungen ein und entfalten gerade in der Isolation ihre eindrucksvollste Wirkung. So verdiente er etwa das große Geld mit seinen Porträts der Reichen, Schönen und Prominenten, nachdem die Pop Art als dominierende Kunstrichtung längst passé war, obwohl sich seine Porträts als nichts anderes denn als Pop bezeichnen lassen.

»Manche behaupten, Kalifornien sei der Leithammel Amerikas. Ich finde eher, daß es Andy Warhol ist.« (Die Journalistin Barbara Goldsmith 1975 im *New Yorker Book Review*; zit. n. BO, S. 421)

Zur Beurteilung von Warhols Wirkung muss man sich noch

»Ohne Übertreibung könnte man Warhol den Erfinder des Lebensstils der sechziger Jahre nennen. Als ausgesprochen ernsthafter Künstler steht Warhol in einer Reihe mit den schärfsten Kritikern von Scheinheiligkeit und Engstirnigkeit unserer Gesellschaft. Als theatralische Gestalt ist er durchaus jenen extravaganten Vorläufern der Pariser Avantgarde Antonin Artaud und Alfred Jarry verwandt, deren Leben Theater war … Warhol scheint nicht nur unser größter Realist zu sein, sondern auch unser größter Moralist. Er hat den Mut, die Clichés der Avantgarde tatsächlich zu leben. Er legt unsere Wunden bloß, statt sie zu beschönigen oder mit hübschem Schnickschnack zuzudecken. Mir ist klar, daß diese Interpretation nicht von jenen Kritikern geteilt wird, die Warhol als einen mephistophelischen Antichristen ansehen, der unsere Gesellschaft zu noch mehr Flitterwerk verleiten will … Möglicherweise wird man Andy in späteren Zeiten als eine Art Maria Magdalena ansehen – als die heilige Hure der Kunstgeschichte, die sich selbst verkaufte und passiv die Aufmerksamkeit eines ausbeuterischen Publikums ertrug, das eher den Künstler als seine Kunst kauft, die es sogar bereitwillig für Schund erklärt.« (Die Kunsthistorikerin Barbara Rose; zit. n. BO, S. 336 f.)

einmal die Unterscheidung zwischen Pop Art und Pop vor Augen führen. Die Pop Art ist eine Epoche der Kunstgeschichte des 20. Jahrhunderts, die Mitte der fünfziger Jahre begann und ihre Hochzeit in den Sechzigern hatte. Das Zentrum der Bewegung waren die USA. Die Pop Art nahm eine revolutionäre Haltung gegen die etablierte Kunstrichtung des Abstrakten Expressionismus ein, der die amerikanische Kunst nach 1945 beherrschte und der als erste eigenständige künstlerische Entwicklung der Vereinigten Staaten angesehen wird. Mit ihr entwickelte sich eine direkte Gegenbewegung zu dieser emotionalen, abstrakten Kunst. Die Pop Art ist nicht subtil und schon gar nicht abstrakt; direkt, schnörkel- und kompromisslos wird in plakativen Farben dargestellt, was die Menschen der westlich-kapitalistischen Welt umgibt bzw. was ihre Lebensrealität ausmacht. Die Übergänge von Kunst zur reinen, kommerziellen Gebrauchsgrafik sind fließend, wie ja

Pop Art

auch an Warhols beruflicher Laufbahn abzulesen ist. Ob die Pop Art nun in den Olymp der Hochkultur gehört oder ihn vielmehr durch die Aufhebung der Trennung von High-and-Low-Culture zerstört hat, wird immer wieder diskutiert, soll hier aber nicht das Thema sein. Denn entscheidend für Warhols Wirkung war nicht so sehr sein Beitrag zu dieser Kunstrichtung, sondern vielmehr die Intensität, mit der er seine Persönlichkeit einbrachte: Andy Warhol machte nicht nur Pop Art, er verkörperte die Ideen des Pop, dieses Phänomens, das in der zweiten Hälfte des 20. Jahrhunderts so viele kulturelle Äußerungen in Kunst, Musik und Literatur bestimmte und auch für ein antikonservatives Lebensgefühl steht.

Seine Attitüden, sein sehr spezielles Aussehen, sein schrägbunter Freundeskreis, seine provozierende Oberflächlichkeit, seine sexuellen Interessen, kurz: das Plakative, Bunte, Direkte, Verschwenderische, Schräge und Schrille sind für alle, die mit dem Pop als Lebensmodell liebäugeln, brauchbare Richtlinien. Mehr Pop lässt sich nicht leben, als Warhol es vorexerziert hat. Auch wenn einige Aspekte seines Lebens heute keinesfalls die gleiche oder auch nur eine annähernd große Wirkung haben würden, lohnt es noch immer, bei ihm Maß zu nehmen – und dies wird auch getan, wie etwa der Medientheoretiker Peter Weibel behauptet, der eine direkte Linie von Warhol zu den derzeitigen Stars zieht: »Seine Selbstkonstruktion, von der Nasenoperation bis zur Perücke, war erfolgreiches Vorbild für viele, von Michael Jackson bis Tatjana Gsell. Wenn Deutschland heute seine ›Superstars‹ sucht, wenn Paris Hilton und Verona Pooth, geborene Feldbusch, im Orbit der Massen- und Medienkultur gleißend kreisen, ist dies eine Welt, die Warhol für uns eröffnet hat.« (Weibel 2007)

»Die ›Campbell's-Suppendose‹ war der ›Akt, eine Treppe herabsteigend‹ der Pop-art. Hier war ein Bild, das über Nacht Freunde und Feinde auf die Barrikaden brachte. Warhol bewegte die Phantasie der Medien und der Öffentlichkeit wie kein anderer Künstler seiner Generation. Andy war Pop, und Pop war Andy.« (Henry Geldzahler; zit. n. BO, S. 162)

Immer wieder gelang es Warhol, dem »unverzichtbaren Mythos«, wie die Kunstkritikerin Isabelle Graw das treffend bezeichnet, von der Besonderheit des Künstlers Rechnung zu tragen und dabei gleichzeitig zu wirken, als sei er eben gar nichts Besonderes, was sein schüchternes Auftreten noch untermauerte. Er war Trendsetter und Vorbild. »Was bei ihm noch eigenwillige Vorlieben waren (für Gossip, das Leben der Stars, Mode oder diätische Fragen), gehört heute zum Erfolgsrezept einer Wachstumsbranche, an der sich mittlerweile auch ehemals seriöse Feuilleton-Redaktionen orientieren.« (Graw 2007) Peter Weibel geht dabei noch weiter und sieht in Andy Warhol den Vorläufer der heutigen Soap-Operas, deren Fundament Tratsch und Klatsch über alles und jeden sind – genau das, was Warhol stets am meisten interessierte.

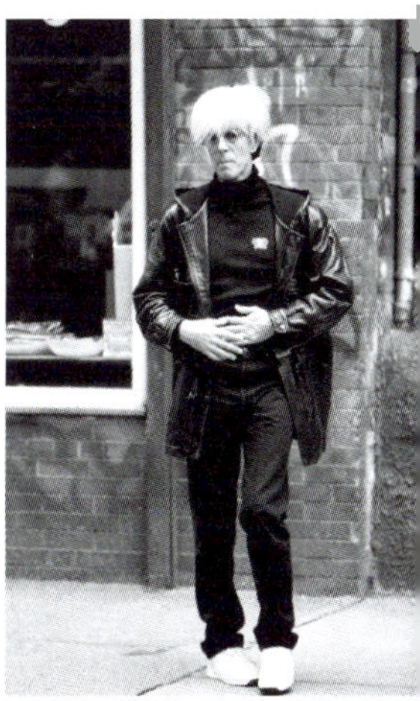

David Bowie spielt Andy Warhol in *Basquiat* (1996), Julian Schnabels Film über das Leben des Graffitikünstlers und Malers Jean-Michel Basquiat.

Keinem anderen Pop-Art-Künstler, weder Jasper Johns noch Robert Rauschenberg, Roy Lichtenstein oder Tom Wesselmann, ist es gelungen, über die Kunst hinaus zur Leitfigur für die Lebensgestaltung anderer zu werden. Dieser Umstand ist umso interessanter, als der sehr extreme Warhol nur bedingt als Kopiervorlage zu gebrauchen ist. Wer wollte schon so aussehen wie er (außer phasenweise David Bowie)? Wer wollte seine inneren Zwänge und seltsamen Vorlieben übernehmen? Warhol selbst bringt hier das – schwer zu fassende – Stichwort Aura ins Spiel: »Irgendein Unternehmen war kürzlich daran interessiert, meine ›Aura‹ zu kaufen. Meine Produkte wollten sie nicht. Sie sagten immer wieder: ›Wir wollen Ihre Aura.‹ Ich habe nie herausgefunden, was sie eigentlich wollten. Aber sie waren bereit, dafür eine Menge Geld zu bezahlen. Dann habe ich mir gedacht, wenn jemand soviel zu zahlen bereit ist, sollte ich herausfinden, was es ist. Ich glaube, ›Aura‹ ist etwas, das nur jemand anderes sehen kann, und sie sehen nur soviel davon, wie sie wollen. Es ist alles in den Augen der anderen Person.« (PH, S. 73)

Für die Transformation der Person Andrew Warhola zur Pop-Figur Andy Warhol ist der Moment von Freiheit ausschlaggebend. Pop ist neben der Besinnung auf die kommerziellen Aspekte von Kunst und Leben überhaupt eine Befreiungsbewegung, die Befreiung von den verschiedenen Zwängen, die Gesellschaft, Zeit und Natur über den je Einzelnen verhängt haben. Für die meisten Menschen ist eine solche Freiheit vollkommen unerreichbar – nicht für Andy Warhol, der es sich leisten konnte, sein Leben nach den eigenen Marotten zu gestalten. Bemerkenswert ist, dass es in Deutschland, mehr oder weniger zeitgleich, zwei weitere Künstler gab, die zumindest die Selbstverwirklichung in ähnlich kompromissloser Art gelebt haben: Joseph Beuys und Martin Kippenberger. Beiden fehlt die Nähe zur Pop Art, aber sie verkörpern einen ähnlichen Künstlertypus wie Warhol, indem sie die Synthese von Kunst und Leben zu einer gewissen Vollendung geführt haben.

Beuys und Kippenberger

Die Vorstellung vom Leben in absoluter Freiheit, nur dem Ich und der Kunst verpflichtet, hatte es in besonderem Maße den Rockstars angetan, allen voran David Bowie, der Warhol auch für seine persönliche Selbstinszenierung zum Vorbild nahm und mit gebleichten Haaren und androgynem Outfit für die Verbreitung des Glitter- oder Glam-Rock sorgte. Bowies Verehrung für Warhol schlug sich u. a. in dem Song *Andy Warhol* nieder, vom Sänger durchaus positiv gemeint, von Warhol aber, wohl auch wegen der Textzeile: »Andy Warhol sieht aus wie ein Schrei«, nicht besonders geschätzt. Warhols Entourage wurde in den Songs *Andy's Chest* und *Walk on the Wild Side* von Lou Reed besungen, der aus den Velvet-Underground-Zeiten eng mit Warhol verbunden war. Und mit dem Album *Songs for Drella* von 1990 setzten Lou Reed und John Cale dem Menschen und Künstler Andy Warhol ein unvergleichliches Denkmal. Auch für Musiker wie Mick Jagger oder John Lennon war es wohl in besonderem Maße der Aspekt der Rebellion und der Freiheit, der sie an Warhol interessierte. Als im Som-

David Bowie

»Andy walking, Andy tired
Andy take a little snooze
Tie him up when he's fast asleep
Send him on a pleasant cruise
When he wakes up on the sea
Be sure to think of me and you
He'll think about paint
and he'll think about glue
What a jolly boring thing to do

Andy Warhol looks a scream
Hang him on my wall
Andy Warhol, Silver Screen
Can't tell them apart at all«

(Aus David Bowies Song *Andy Warhol* vom Album *Hunky Dory*, RCA Records, London 1971)

Die Punks und Warhol

mer 1977 der Punk-Rock seinen Höhepunkt in Europa feierte, da war Warhol in diesen Kreisen in aller Munde: »Andy wurde als der Mann gefeiert, der das alles ›erfunden‹ hatte, mit seiner Maske der Abgestumpftheit, seinen Filmen voll ziellosem Widerstand und seinen vielzitierten Aphorismen, daß ›alles nichts bedeute‹. Selbst bei ihrer Vorliebe für Sicherheitsnadeln konnten die europäischen Punks Andy als wegweisend ansehen, da er als modischer Trendsetter seiner Zeit zehn Jahre voraus war und schon in den sechziger Jahren Sicherheitsnadeln an seinem Jackett trug. Die französischen Punks konnten von ihrem Propheten gar nicht genug kriegen. Sie stürmten die Veranstaltung, bei der er sein Buch signierte, und baten ihn, ihre Brust oder sogar ihren Penis mit seinem Namenszug zu verschönen.« (BO, S. 434) Auch gegenwärtige Bands wie z. B. die US-amerikanischen The Dandy Warhols zollen dem Altmeister des Pop ihren Tribut und beschwören mit Titeln wie *Not If You Were The Last Junkie On Earth* und dem Cover des Albums *Welcome To The Monkey House*, das eine halbgeschälte Banane ziert, die alten Zeiten der Sechziger herauf, in denen Warhol mit The Velvet Underground verbandelt war. Auf ihrer Website erklären The Dandy Warhols in einem fiktiven Interview, wie die Band zu ihrem Namen kam, und treten so auch mit der Ablehnung jeglichen theoretischen Überbaus in die Fußstapfen ihres Taufpaten: »So where did you get the name? – Oh, that's easy. You see, there was this painter in the sixties, right, and, um, it's very clever if you just take his name and … – Yes, yes, Andy Warhol, I know. Okay, stupid question. No deeper significance then? – Maybe if you are the kind of person who needs deeper significance, but I'm done.«

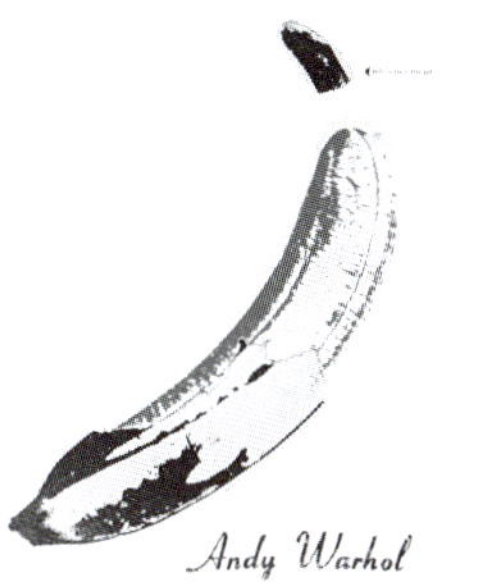

»Peel slowly and see«: Plattencover für The Velvet Underground von Künstlerhand

Der Kunstkritiker John Perrault formulierte den Mechanismus des Universums Warhol folgendermaßen: »Wie eine Kuh ist er immer das, was man braucht. Für Minimalisten ist er

Minimal Art. Für Werbekünstler ist er Werbung. Für Dichter ist er Dichtung. Für Kunstkritiker ist er Kritik. Für Filmemacher ist er Film etc.« (zit. n. BO, S. 376)

Alles ist durchschaubar

Das Raffinierte an dem System Warhol war die Durchschaubarkeit. Niemand war verwundert, wenn sich die Leere hinter der Leinwand auftat. Niemand erwartete von Warhol gedrechselte Ausführungen zu diesem und jenem. Niemand wunderte sich, dass er bei keiner politischen Kundgebung auftauchte und gleichzeitig zu berühmten Wortführern wie Allen Ginsberg, Norman Mailer und Bob Dylan Kontakt hatte. Warhol hat ein eigenes Universum geschaffen, das fest an den Gepflogenheiten und Geldsäcken der anderen Universen angedockt war. Ein Philosoph wie Jean Baudrillard schätzte an Warhol die Befreiung von der Ästhetik und der Kunst gleichermaßen: dass er sich nicht an ästhetische Gepflogenheiten hielt, sondern vielmehr mit allen Möglichkeiten spielte, die er für seine Kunstwerke nutzen konnte. Ergebnisorientiertes Denken, das weit über die Verpflichtungen zur Ästhetik hinausgeht. »Ja, er treibt die Ästhetik auf die Spitze, dorthin, wo sie keine ästhetische Qualität mehr hat und sich ins Gegenteil umkehrt [...] er nimmt die Welt, wie sie ist, die Welt der Stars, der Gewalt, diese Welt, aus der die Medien einen schändlichen Schmus machen, das ist es, was uns tötet! Warhol räumt diese Welt dagegen völlig leer [...]. Er lässt sie gewissermaßen wieder erkalten, aber er macht sie auch zu einem Rätsel. Er gibt durch seine Werke der Banalität eine rätselhafte Kraft ...« (Baudrillard 1990)

Warhols Welt war der Pop. Und auch wenn man die Verschmelzung von Leben und Werk bei verschiedenen Künstlern beobachten kann, zeichnet es Warhol aus, dass er gleichzeitig auf das Außenliegende jenseits seiner Person verweist. Es gelang bisher nicht vielen Künstlern, egal welcher Branche, so sehr ein Kind der eigenen Zeit zu sein und ihr gleichzeitig so wenig Rechnung zu tragen. Das fesselte auch einen Autor

John Updike

wie John Updike, der in seinem Roman *Sucht mein Angesicht* (2004) eine Hauptfigur namens Guy entwirft, die als künstlerisches Wunderkind der Pop Art auftritt. Pate stand Andy Warhol. Hier ist es ebenfalls, wie so oft, nicht das Werk, sondern die Person, die in ihrer Funktion als Inkarnation des Pop fasziniert. Der Journalist und Popexperte Ulf Poschardt erklärt Warhol zum Protagonisten des coolen Lebensstils, der für die neunziger Jahre prägend war. Und sogar im Zusammenhang mit dem Dopingskandal um den Radrennfahrer Floyd Landis wird Warhols Theorie über die 15 Minuten Berühmtheit, die jedem Menschen zustehen, herangezogen. Nur so scheint erklärbar, warum ein Radrennprofi bei der Tour de France 2006 das Risiko eingeht, sich beim Doping erwischen zu lassen: nämlich für »die vielen heldenhaften fünfzehn Andy-Warhol-Minuten bis zum Treppchen in Paris« (Bartels 2006).

Sich dem Pop als Geistes- und Lebenshaltung nähern zu wollen heißt nicht unbedingt, Warhol zu kopieren, sondern vielmehr sich seine Lebenshaltung zu eigen zu machen: »Jeder hat seine Probleme, aber es geht darum, aus dem Problem kein Problem zu machen. Angenommen, du hast kein Geld und du machst dir deshalb dauernd Sorgen, dann bekommst du ein Magengeschwür und hast dann ein richtiges Problem, aber immer noch kein Geld, weil die anderen es nämlich spüren, wenn du verzweifelt bist, und keiner etwas mit einem verzweifelten Menschen zu tun haben will. Aber wenn es dir nichts ausmacht, dass du kein Geld hast, dann bekommst du von den anderen Geld, weil es dir ganz gleichgültig ist und sie dann auch denken, es sei nichts wert, und es hergeben – es dir richtig aufdrängen. Aber wenn du ein Problem dabei siehst, kein Geld zu haben und welches anzunehmen, und du denkst, du könntest es nicht annehmen, und Schuldgefühle davonträgst und ›unabhängig‹ sein willst, dann ist das ein Problem. Aber wenn du das Geld einfach nimmst und ohne schlechtes Gewissen verschleuderst, als sei es nichts, dann ist es kein Problem, und die anderen wollen dir sogar noch mehr geben.« (PH, S. 180)

Geld ist kein Problem

»The Global Player«: Weltweiter Ruhm

Es ist noch heute nicht schwer, einen »echten Warhol« zu bekommen. Noch immer sind auf dem Markt Originalarbeiten zu haben, die aus seinem schier unerschöpflichen Nachlass

Warhols Werke im Museum für Gegenwartskunst in Teheran, 1999

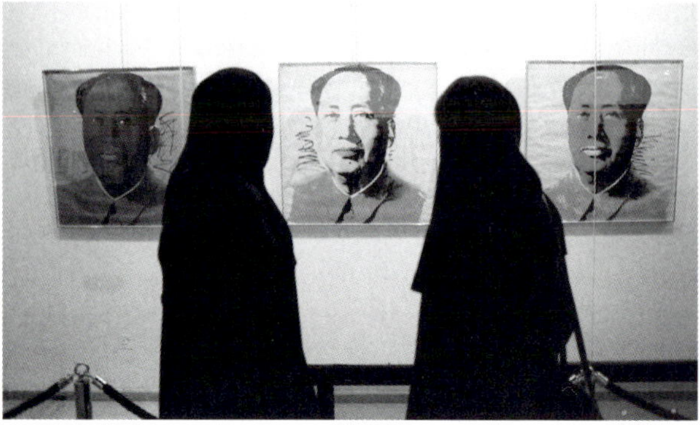

stammen. Kopien seiner Werke gibt es nahezu beliebig viele. Bereits 2003 war man sich sicher, dass 15 Prozent seiner Werke Kopien sind. Doch was heißt das bei einem Künstler wie Warhol? Ist allein ein Werk aus des Meisters Hand ein Original, oder wird diese ehrenvolle Bezeichnung auch dem zuteil, was seine zahlreichen Assistenten gemacht haben? Eine Kommission, die unter der Leitung des Anwalts Ron Spencer der »Andy Warhol Foundation for the Visual Arts« angegliedert ist – einer Stiftung, deren Gründung Warhol in seinem Testament verfügte und die junge bildende Künstler unterstützt – und die sich mit der Authentizitätsprüfung seiner Werke beschäftigte (www.warholfoundation.org/authen.htm), hat nun, mit Blick auf die Absicht des Künstlers, folgende Lösung des Problems vorgelegt: »Wenn Warhol sich etwas ausgedacht hat und dann jemand anderen angewiesen hat, das Sieb herzustellen, wenn er den Produktionsprozess überwacht hat und wenn er gesagt hat ›Das ist gut, das ist, was ich wollte‹, dann hat Warhol dieses Werk ›geschaffen‹.« (»unterm strich«, *taz*, 28. 10. 2003) Wie man aufgrund dieser Vorgabe zu zweifelsfreien Ergebnissen kommen will, sei dahingestellt, auf jeden Fall zeigt schon die Existenz dieser Kommission, dass Warhol das Thema seines Werks nicht verfehlt hat. Die Frage nach einem »echten« Warhol hätte er selbst wohl nur müde belächelt; will man dennoch einen haben, dann kann das mitunter sehr teuer werden.

Original oder Fälschung?

Bereits zu Lebzeiten waren seine Werke Spitzenreiter, was die

Ergebnisse bei Auktionen anging. 1970 erzielte eines seiner Campbell's-Suppendosen-Bilder den höchsten bis dahin jemals gezahlten Preis für das Werk eines lebenden amerikanischen Künstlers. Doch es kam noch besser. Seit einer denkwürdigen Auktion 2006 rangiert Warhol im Ranking aller Kunstwerke der finanziellen Luxusklasse an vorderer Front. 17,4 Millionen Dollar war einem Hongkonger Unternehmer ein *Mao* wert – ausgerechnet ein Mao-Porträt also geht als eines der teuersten Kunstwerke des 20. und noch jungen 21. Jahrhunderts in die Annalen der Kunstgeschichte ein. Das hätte Warhol sehr gefreut, ebenso wie der Preis für *Green Car Crash (Green Burning Car I)* von 1963, das im Mai 2007 bei Christie's für satte 71,7 Millionen Dollar von einem anonymen Käufer erworben wurde. Das Ende der Preisspirale ist noch nicht in Sicht.

Nicht billig!

Wenn man nicht zu den Besitzern eines Warhols gehört, so gibt es jenseits der immer wieder kuratierten Sonderausstellungen und der Bestandssammlungen vieler renommierter Museen zwei Möglichkeiten, seinem Werk in kompakter Form zu begegnen. Weltweit existieren zwei Warhol-Museen, eines in Pittsburgh und eines in den Karpaten – genauer gesagt in Medzilaborce, unweit von Miková, dem Geburtsort der Eltern. Hat man das Städtchen erst einmal gefunden, so ist das 1991 gegründete Museum, dessen Eingang von zwei litfaßsäulengroßen Campbell's-Suppendosen eingerahmt wird, kaum zu übersehen. Das Museum in der Ostslowakai hat seine Sammlungsbestände zum großen Teil aus der nach Warhols Tod eingerichteten Kunststiftung, der »Andy Warhol Foundation for the Visual Arts«, erhalten. Zu sehen gibt es neben den obligatorischen Werken – 17 an der Zahl – auch viele Fotos und Erinnerungsstücke aus dem Leben der Eltern, u.a. eine Schallplatte mit einer Gesangsaufnahme von Julia Warhola in ruthenischer Sprache. Devotionalienjäger kommen beim Anblick der ersten Polaroidkamera von Andy Warhol sicher auf ihre Kosten. Eigentlich heißt das Museum »Familie-Warhol-Museum für Moderne Kunst«. Das ist nicht nur als Abgrenzung zum »Andy Warhol Museum« in Pittsburgh wichtig, sondern auch im Hinblick auf die Sammlung, in der

Warhol in den Karpaten

sich auch Gemälde der Brüder und des Neffen finden. Die sind wohl weltweit sonst nirgends zu sehen. Finanziert wird das Museum, wenn auch nicht üppig, vom slowakischen Ministerium für Kultur. Geld und Warhol-Enthusiasten sind in dieser Gegend rar – und was die PR-Möglichkeiten für das Museum angeht, könnte man noch einiges vom großen Andy Warhol lernen.

Pittsburgh

Ganz anders sieht es mit dem Museum in Pittsburgh aus. Über 8 000 Werke in den verschiedenen Genres, 273 Filme und ein umfangreiches Archiv (http://www.warhol.org/collections/archives.html) lassen in Bezug auf Warhol kaum Wünsche offen. Sehr aufschlussreich für die Forschung sind die berühmten *Time Capsules*, 610 Pappkartons mit den von Warhol gesammelten Zetteln, Quittungen und Wichtigkeiten aus je einem Monat. Wieder andere Wissenschaftler, die dem Geheimnis Warhols auf der Spur sind, werden sicherlich auf das Bildmaterial der Webcam zurückgreifen, die rund um die Uhr auf die Ausstellungsräume des Museums gerichtet ist (http://www.earthcam.com/usa/pennsylvania/pittsburgh/warhol). Auch diese Art dauernder Beobachtung hätte mit Sicherheit das Wohlwollen des Künstlers gefunden. Medienpräsenz in jeder Form konnte seinem Geltungsbedürfnis nur recht sein.

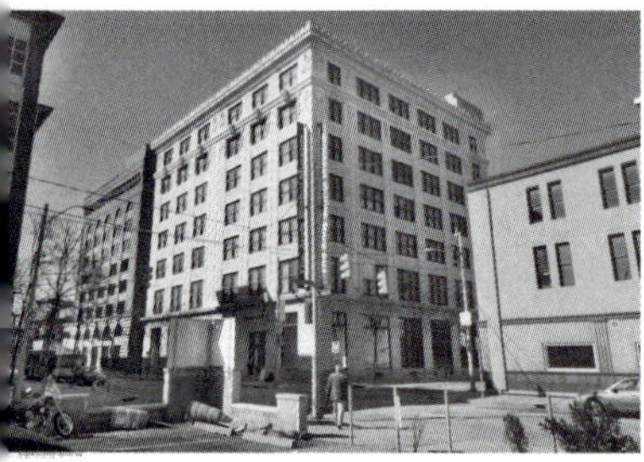

Das Andy Warhol Museum in Pittsburgh

Die Rezeptionsgeschichte zeigt das wechselhafte Interesse, das für Künstler, Epochen oder auch Einzelwerke aufgebracht wird. Warhols Werke wurden zu seinen Lebzeiten zwar in der Presse und in einigen Fachblättern besprochen, aber die ernsthafte Rezeption setzte erst 1988 mit einem Symposium in der »Dia Art Foundation« in New York ein. Allein in den späten achtziger Jahren wurden über 90 Bücher publiziert, die sich seinem Werk von den unterschiedlichsten Standpunkten aus nähern, und seither reißt das Interesse an seiner Kunst und seiner Person nicht ab – weder was Ausstellungen betrifft (irgendwo auf der Welt ist wohl immer irgendeine Ausstellung von ihm zu sehen, so witzelt man häufig) noch neue Veröffentlichungen über ihn. Mittler-

»Andy Warhol hat in meiner Generation – in jeder Hinsicht – *alle* beeinflusst: als Maler, Zeichner, Filmer, Photograph, Zeitungsmacher, eben die ganze Haltung! Ich wurde ihm 1983 in New York vorgestellt. Seine Ausstrahlung war frischer, offener, wacher als die des ganzen Jungvolks um ihn herum (inklusive meine)! Er bleibt mein Held.« (Der Maler Walter Dahn; Dahn 2007)

weile gibt man die gesammelten Publikationen zu Andy Warhol am besten in Kilogramm an. Ein Blick über diese Fülle von Texten offenbart eine Teilung in zwei Lager: Einerseits wird seine Kunst gelesen als Kritik an der Konsumgesellschaft der USA; andererseits bescheinigt man ihr ausschließlich affirmativen Gehalt. Vermutlich liegt die Wahrheit irgendwo in der Mitte, was hieße, dass Warhol in der Affirmation Kritik an der Konsumorientiertheit Amerikas und der verbreiteten Oberflächlichkeit äußerte. Ob es sich dabei allerdings um eine kritische Darstellung oder um eine möglichst objektiv beschreibende handelt, das wird immer die große Unbekannte im Werk Warhols bleiben und ist vielleicht einer der Gründe für die anhaltende Aufmerksamkeit.

»Wenn du nach tiefer Bedeutung suchst, ich bin so tief
Wie die Decke hier hoch ist
Wenn du Technik für den Inhalt hältst, findest du mich wohl blöd
Du findest vielleicht, die Bilder sind langweilig
Autos und Dosen und Stühle und Blumen
Und vielleicht findest du auch, ich selbst bin langweilig
Hammer, Sichel, Mao Tse Tung, Mao Tse Tung
Diese Bilder/diese Bilder/diese Bilder

Ich finde, man soll sie wiederholen, die Bilder an der Decke
Ich liebe Bilder, die es wert sind, dass man sie wiederholt und wiederholt
Bilder/Bilder/diese Bilder/Bilder«

(Die letzte Strophe aus *Images* von Lou Reeds und John Cales Album *Songs for Drella*; zit. n. Reed 2006, S. 677)

Weder Kunsthistoriker noch Journalisten, Auktionäre oder Künstlerkollegen haben bislang das Interesse an Warhol verloren, im Gegenteil: Manche Künstler wandeln ihr gesamtes Berufsleben lang auf seinen Spuren und versuchen sich das Spezifische seines Werks anzueignen. Das geht bis zum perfekten Imitat. Was aber bedeutet es, einen Warhol zu kopieren? Welche Ebene der Kunstbetrachtung erreicht eine Künstlerin wie Elaine Sturtevant, die zur »Appropriation Art« gezählt wird, einer postmodernen Kunstrichtung, deren Ziel die perfekte Kopie ist? Sie hat eine ganze Serie von Warhol-Kopien angefertigt, die selbst Fachleute kaum von den Vorlagen unterscheiden können. Warhol war von ihren Arbeiten beeindruckt und schenkte ihr einige Originalsiebe, mit denen er gearbeitet hatte, um ihr ihren eigenen künstlerischen Prozess, das Kopieren seines Werks, zu erleichtern. Nach Meinung von Kurator Bill Arning handelt es sich bei den Werken Sturtevants um Wiederbelebungsversuche von Kunst, die sich im Laufe der Zeit verbraucht hat. Indem ein neuer Künstler sie sich in einem veränderten Kontext aneignet, kommt es zu einer Reästhetisierung des Kunstobjekts. »In den Anfängen der Kunst, diesseits ihrer historischen Besonderheiten der Stilrichtungen, diesseits von Pop-Art, Duchamp, Beuys, geht es darum, diese angeborene Energie, diese inaktuelle Jugendlichkeit des Werkes wiederzufinden, das Ereignis aufzudecken [...]. Jedes Werk von Sturtevant strebt danach, diese große Gegenwärtigkeit der Kunst wiederzufinden, es strebt nach einer nicht bedingten, sondern authentischen Präsenz«, so äußerte sich der Fotograf und Künstlerkollege Frank Perrin über das Werk Sturtevants (Perrin 1992, S. 26).

Appropriation Art

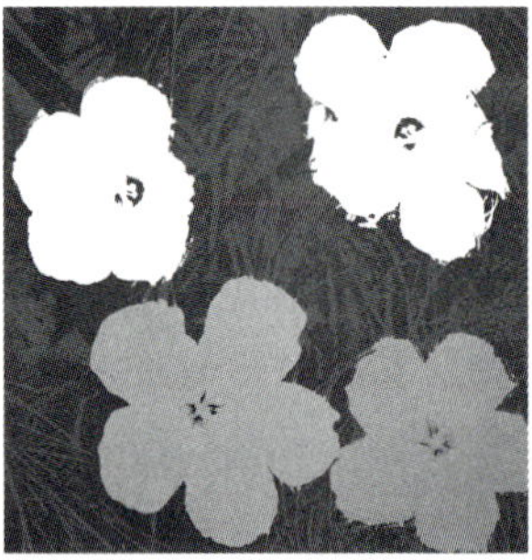

Sieht aus wie ein echter Warhol, ist aber eine Arbeit von Elaine Sturtevant: *Warhol Flowers*, 1991

Abgesehen davon, dass Warhol mit Nachahmern ohnehin wenig Probleme gehabt haben dürfte, weil diese ja in geradezu exemplarischer Weise seine Überzeugung von der Auflösung unbedingter Autorschaft umsetzten, hat er mit seinem Gespür für Vermarktung sicher gewusst, dass jede Thematisierung seines Werks für dessen Fortbestand sorgt. Wenn es

»Warhol war typisch Warhol. ›Wow, Elaine‹, und er gab mir das Sieb für die Blume. Dann sagte ich ihm, daß ich die ›Marilyn‹ machen wollte. Ich ging in seine ›Factory‹, einen Riesenraum voller Seidensiebe. Sein Assistent sagte mir, ich könnte jede ›Marilyn‹ nehmen, die ich wollte. Zwei Stunden war ich dort und habe Hunderte von Sieben durchgesehen, aber keine verdammte ›Marilyn‹ war zu finden. Als ich Andy sah, meinte er: ›Oh, wow, oh, wow, das wußte ich nicht, ich dachte, das wäre da oben.‹ Ich erwiderte: ›Oh wow, Andy, oh, wow.‹« (Die Künstlerin Elaine Sturtevant; zit. n. Osterwold 1992, S. 12

nach ihm ging, sollte sein Ruhm deutlich länger als 15 Minuten dauern. Dass er nicht verblasst, ist auch ganz im Sinne von Richard Pettibone, der als einer der Väter der »Appropriation Art« gilt und das Werk Warhols so häufig kopiert und miniaturisiert hat wie nichts anderes. Warhol, der Pettibones Arbeiten bereits in den sechziger Jahren zu sehen bekam, fand sie offenbar sehr lustig und rief gleich seinen Galeristen Leo Castelli an, um ihm einen neuen Künstler zu vermitteln. Pettibone selbst sieht sich weder als Konkurrent noch als Nachfolger. Das Kopieren und Verkleinern von bekannten Kunstwerken ist vielmehr sein Beitrag zur Diskussion über den Originalitätszwang in der Kunst. Die bewusste Verweigerung jeder Originalität ist Originalität genug. Auf dieser Ebene sind sich Pettibone und Warhol nahe, auch wenn sie ästhetisch weit voneinander entfernt sind. »Ich bin ein sorgfältiger Handwerker, er ist ein Schlamper«, so Pettibone über seinen »Leitstern« Warhol (zit. n. Mejias 2007).

Richard Pettibone

Der wohl bekannteste Pop-Art-Künstler in Deutschland ist der 1941 geborene Werner Berges, der mit seinen Arbeiten die Pop Art etablierte. Wie Warhol benutzt er leuchtende Primärfarben, starke Kontraste und arbeitet mit Rasterpunkten bzw. -streifen, bleibt aber dem Medium der Malerei im Gegensatz zu Warhol treu. Eine lebende Pop-Ikone – so wie Warhol – ist Berges allerdings nie gewesen.

Werner Berges

Auch für den Berliner Künstler Jim Avignon ist Andy Warhol wohl so etwas wie ein Vorbild: »Für mich ist Andy Warhol der einzige moderne Künstler, der je gelebt hat. Er wollte unbe-

Jim Avignon

dingt berühmt werden und glaubte, dass er es am ehesten als Künstler schaffen würde. Aber dann war er so gut darin, seine Kreativität zu instrumentalisieren, dass er als ›moderner Künstler‹ alle seine Zeitgenossen in den Schatten gestellt hat [...]. Als Vorbild taugt mir Andy Warhol immer noch. Abgesehen davon glaube ich, dass er MySpace geliebt hätte.« (Avignon 2007) Zumindest muss sich der 1961 geborene Künstler das Label »der Warhol Berlins« gefallen lassen. Avignon ist allerdings kein Pop-Art-Künstler, sondern viel eher wegen seiner grundsätzlichen Einstellung, seiner Unkonventionalität und nicht zuletzt wegen seiner Verquickung mit der Musikszene über seine Band Neoangin mit Warhol vergleichbar.

Es ließen sich noch weitere Künstler nennen, deren Schaffen sich auf das Fundament Warhol zurückführen lässt; grundsätzlich kann man sagen, dass Warhol für die zweite Generation der Pop-Art-Künstler wie u. a. Jeff Koons und Keith Haring, die in den achtziger Jahren unter der Bezeichnung Neo Pop firmierten, ebenso wichtig gewesen ist wie für die Vertreter des New Realism und des Fotorealismus, die ja bereits in den späten sechziger Jahren entwickelt wurden. Vermutlich ist er für jede Spielart der gegenständlichen Kunst nach 1945 in irgendeiner Form prägend gewesen, denn seine Auseinandersetzung mit dem Menschen in der modernen Gesellschaft hat Maßstäbe gesetzt.

Neo Pop

Warhol hat die Ästhetik seiner Zeit insofern revolutioniert, als er das Tafelbild nicht mehr zum Träger entscheidender er-

»ANDY WARHOL IST EINE HERMETISCHE TIERBABYDRÜSE, die im immer gleichen SAALRHYTHMUS ERZKUNST AUF EWIG SICH ABSONDERN LÄSST, WIE STAATSGETREIDE. ANDY WARHOL IST EIN lieblichster TOTALER VITALITÄTSSTAATSKRISTALL, der in all unseren Schädeln für immer die Lichtbrechung der ultravisionären TOTALRevolution vollziehen wird. (DON SCHÄDELMESSER) ANDY WARHOL trägt die froschige Erzmaske von ANDY WARHOL, wird immer erzfrisch (erzheiß) sein, der Partei der Kunst als Demut angehören und SAALSCHIMMERN. (DR. WARHOL IST SAINT JUST)« (Jonathan Meese, Performance-Künstler und Maler, über Andy Warhol; Meese 2007)

kenntnistheoretischer Dimension macht; das Medium selbst ist es, um das es geht. Was wäre die MTV-Ästhetik ohne Andy Warhol? Sein großes Verdienst liegt in der veränderten ästhetischen Auffassung, in dem künstlerischen Ritterschlag, mit dem er Trash aus der Tonne in die hehren Ausstellungshallen befördert und zum begehrten Objekt des Kunstmarkts gemacht hat. Dass sich Pop auch heute noch glänzend verkauft, erfährt derzeit der japanische Künstler Takashi Murakami, der Warhols Factory-Gedanken als rein wirtschaftliches Unternehmen perfektioniert hat, drei Niederlassungen mit insgesamt 100 Angestellten unterhält und Kunst als Ware produziert und verkauft – zu unglaublich hohen Preisen. Ob die Bilder des Japaners nach Warhols Geschmack wären, weiß man nicht; die Inszenierung und perfekte Vermarktung hätte er auf jeden Fall bewundert.

Takashi Murakami

Totale Vermarktung: Die Ware Warhol

Wenn es ein Leben nach dem Tod gibt, dann führt es Andy Warhol. Ca. 2 630 000 Treffer verzeichnet Google, wenn man nach dem 1987 verstorbenen Künstler sucht. Ein kurzer Streifzug durch das virtuelle Angebot macht schnell klar, dass so ziemlich alles zu haben ist: Devotionalien, Gemälde, Drucke, Gebrauchsgegenstände verschiedenster Art, Bücher, Kalender – den Wünschen sind keine Grenzen gesetzt. Sogar von Warhol signierte Zeitschriften aus seinem Verlag um 1980 lassen sich aus den Tiefen des Internets beschaffen. Überhaupt, das Internet – was hätte entstehen können, wenn Warhol länger gelebt, wenn er das World Wide Web als Spielfläche entdeckt hätte?

Die unauflösbare Verbindung von Warhol und Kommerz besteht also nach wie vor, und es ist zu erwarten, dass dies auch noch eine ganze Weile so bleiben wird. Herausragend im kommerziellen Schlaraffenland sind die Porträts. Wie schon zu Lebzeiten ihres Schöpfers erfreuen sie sich mit ihrer farbenfrohen Gestaltung außerordentlicher Beliebtheit. Unter www.georgetownframeshoppe.com/andy_warhol.html finden sich Drucke des Meisters in verschiedenen Auflagen und mit unterschiedlichen Motiven. Den Hauch des Elitären, der diesen z. T. als Auflagenwerke gekennzeichneten Arbeiten anhaftet, kann man umgehen, wenn man sich unter www.fotofreeware.de/andy-warhol-replicator.php an den »Andy Warhol Replicator« wendet. Dort erhält man eine Software, mit deren Hilfe sich jedes Porträt, jeder Schnappschuss in eine Popikone mit Warhol'scher Anmutung verwandeln lässt. Damit kann jeder sein eigener Warhol werden – was dem Künstler mit Sicherheit gefallen hätte.

Warhol selbst gemacht

Seinen Spaß hätte Warhol wahrscheinlich auch im Shop seines eigenen Museums in Pittsburgh gehabt. Horsd'œuvres von Warhol'schen roten Lippen naschen – kein Problem mit dem Appetizer-Set aus Melamin, und wer das Süße schätzt, kommt an den Schüsseln in Bananenform, die an das berühmte Plattencover von The Velvet Underground erinnern und jedes Bananensplit zu einer künstlerischen Hommage werden lassen, nicht vorbei. Auch der »Zauberwürfel«, der einst die Geduld der Spieler mit schlicht einfarbigen Seiten herausforderte, findet sich hier aufgerüstet mit bekannten Warhol-Motiven. So beklagenswert die hemmungslose Vermarktung von Kunst oft auch erscheinen mag, in diesem Fall verhält es sich doch ganz anders. Wenn es eine Kunst gibt, die vermarktet werden *muss*, so ist es die von Andy Warhol. Mit diesen Vermarktungsstrategien, die er selbst sich kaum besser hätte ausdenken können, ist er am Ziel. Man spricht über ihn, man kauft ihn, jeder will und kann ihn haben – kurz, er ist begehrt. Damit gelingt Warhol, was der Vertreter Willy Loman in Arthur Millers Stück *Tod eines Handlungsreisenden* vergeblich versucht: Beide wissen, dass nur das zählt in der Welt, was man verkaufen kann. Loman scheitert so grandios, wie Warhol gewinnt. Mehrere Millionen Dollar brachte die Versteigerung der Objekte aus Warhols Besitz nach seinem Tod, darunter nicht nur unglaubliche Schätze, sondern auch völlig Unwichtiges, das lediglich durch seine Persönlichkeit, durch die Tatsache, dass *er* diesen Dingen eine Bedeutung beigemessen hatte, zu wertvollen Sammlerstücken wurde.

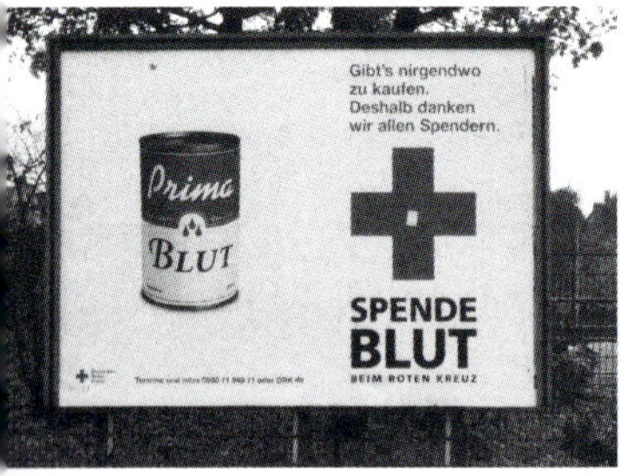

Plakat in Berlin-Kreuzberg, 2007

Dass es Warhol trotz aller Bemühungen, finanziell erfolgreich zu sein, auch darum ging, den eigenen Leidenschaften nachzugehen, eigene Bedeutungshorizonte abzustecken, das lässt sich am einfachsten an seinen Filmen ablesen. Unsummen hat er in ihre Produktion gesteckt. Ruhm und Ehre haben sie ihm vergleichsweise wenig gebracht, und doch waren sie für ihn enorm wichtig. Sein filmisches Œuvre ist umfangreich, aber teilweise nur schwer zu verstehen – und noch schwerer anzusehen. Wer hält schon über Stunden gleichbleibende Einstellungen auf ein und denselben schlafenden Menschen aus? Wen interessiert das außer Warhol? An vielen seiner Filme kann der heutige Betrachter die eigene Art des Umgangs mit der Langeweile testen. Für derartige Versuche gibt es genügend Anschauungsmaterial vom Meister des cineastischen Undergrounds auf DVD, und wer es lieber etwas puristischer mag, der kann seinen Toleranzfaktor an den Tagebüchern Warhols, die als Hörbuch auf dem Markt sind, erproben.

»Ich habe einen Traum, der sich ums Geld dreht. Ich gehe auf der Straße lang und höre jemand – im Flüsterton – sagen: ›Da geht der reichste Mann der Welt.‹« (Andy Warhol; PH, S. 125)

Besucher der Berlinale 2007 hatten die Gelegenheit, sich in der Dokumentation *A Walk into the Sea: Danny Williams and The Warhol Factory* über Warhols Verhältnis zu seinem Geliebten Danny Williams kundig zu machen. Sein Umfeld eignet sich ganz offensichtlich ebenfalls für die Vermarktung, was sicher auch daran liegt, dass es ihm gelungen war, sehr ungewöhnliche und skurrile Menschen um sich zu scharen. In den USA wurde 2006 das Leben von Edie Sedgwick verfilmt, während etwa in Schweden Sara Stridsbergs Roman *Drömfakulteten* (»Die Traumfakultät«) über Valerie Solanas und ihre Beweggründe für das Attentat auf Warhol für Aufsehen gesorgt hat.

Doch jenseits der rein finanziellen und kommerziellen Potenz des Warhol'schen Œuvres gilt: Er hat die Welt durch Kunst verändert. Bestrebungen, die Kunst aus ihrem Elfenbeinturm zu befreien und dem Volk, den anderen Menschen zu überantworten, gab es natürlich auch vor seiner Zeit, aber noch immer hatten der Künstler und mit ihm sein Werk den Nimbus der Unvergleichlichkeit. Andy Warhol hat diesen

Nimbus, zumindest was die Kunst betrifft, zerstört. Kunst ist nach Warhol nicht mehr das, was sie vor ihm war, sie ist ein Spielfeld im positiven und direkten Sinn des Wortes geworden – ein Spielfeld zur Selbstverwirklichung außergewöhnlicher Persönlichkeiten. Ein Spielfeld, das mit Hilfe der Künstler jeder betreten und auf dem jeder qua Kunstkauf mitmischen kann. Das ist eine folgerichtige Entwicklung, die sich bereits mit künstlerischen Richtungen wie etwa dem Dada zu Beginn des 20. Jahrhunderts anbahnte. In der Omnipräsenz seiner Kunst hatte Warhol alles erreicht, was er wollte. Das macht ihm so schnell keiner nach.

Anhang

Zeittafel

1913 Ondrej Warhola wandert nach Pittsburgh aus. Acht Jahre später folgt Julia Warhola, geb. Zavacky, ihrem Mann.

1928 6. August: Andrew Warhola wird als drittes Kind von Julia und Ondrej Warhola in Pittsburgh geboren.

1936 Erkrankung an Chorea, einer Form von Gelenkrheumatismus. Pigmentstörung.

1937-45 Schenley High School. – Ab 1937: Teilnahme an kostenlosen Kunstkursen im Carnegie Museum.

1942 15. Mai: Tod des Vaters.

1945-49 Studium am Carnegie Institute of Technology in Pittsburgh; Hauptfach: »pictorial design«.

1948 Bildredakteur der Studentenzeitschrift *Cano*; erste Verwendung des blotted-line-Verfahrens.

1947 und 1948 Erste Aufenthalte in New York; Warhol entdeckt das Werk von Truman Capote.

1949 Erster Kunstskandal mit der Ausstellung des Bildes *The Broad Gave Me My Face, But I Can Pick My Own Nose*. – 16. Juni: »Bachelor of Fine Arts«. – Sommer: Übersiedelung nach New York.

1951 Entwürfe für Buchumschläge. – Das Café Serendipity wird regelmäßiger Treffpunkt der Künstlerboheme. – 13. September: Die Zeichnung *The Nation's Nightmare* erscheint in der *New York Times*.

1952 »Art Director's Club Medal« für die Arbeit als Werbegrafiker. – Erste Einzelausstellung in der Hugo Gallery mit Zeichnungen zum Werk Capotes. – Julia Warhola zieht zu ihrem Sohn nach New York. – Das erste Präsentationsbuch entsteht.

1955 Mit Nathan Gluck und Vito Giallo werden die ersten Assistenten eingestellt. – Großer Werbeauftrag für die Schuhfirma Miller.

1956 16. Juni - 12. August: Weltreise mit Charles Lisanby. – »Award for Distinctive Merit« des Art Directors Club.

1957 Schönheitsoperation; erstes Toupet. – Gründung der Andy Warhol Enterprises Inc.

1959 Als letztes Präsentationsbuch erscheint *Wild Raspberries* (zusammen mit Suzie Frankfurt).

1960 Kauf des Hauses 1342 Lexington Avenue, das Warhol zusammen mit seiner Mutter bewohnt. – Bekanntschaft mit Emile de Antonio und Billy Name. – Erste Bilder mit Comic-Figuren.

1961 Bekanntschaft mit Ivan Karp und Henry Geldzahler. – Schaufensterdekoration für ein Kaufhaus. – Die Bilder von Dollarnoten und Coca-Colaflaschen entstehen.

1962 *Marilyn-*, *Disaster-* und *Do-It-Yourself-Bilder*. – Warhol entdeckt für sich den Fotosiebdruck. – Ausstellung »32 Campbell's Soup Cans« in Los Angeles. – Teilnahme an der Gruppenausstellung »The New Realists«. – Zunehmend offeneres Bekenntnis zur Homosexualität. – Treffen mit Marcel Duchamp in Pasadena.

1963-70 Gerard Malanga ist Warhols Assistent.

1963 Kauf der ersten 16mm-Kamera. – Mit *Sleep* entsteht der erste Film. – Gründung der ersten Factory in der East 87th Street. – Erste silberne Perücke. – Gründung einer Rockband. – Umzug der Factory in die 231 East 47th Street. – Paraphrase der *Mona Lisa*. – *Electric-Chair*-Bilder.

1964 *Brillo Boxes*. – Erste erfolgreiche Ausstellung in Europa in der Pariser Galerie Ileana Sonnabend. – »Sixth Independent Film Award«. – Kauf des ersten Tonbandgeräts. – Auftrag für das Wandbild des USA-Pavillons auf der Weltausstellung in New York.

1965 Ingrid Superstar, Edie Sedgwick und Ultra Violet gehören zum Kreis der Factory. – Die *Flower*-Bilder erobern Paris.

1966 Velvet und Eric Emerson schließen sich dem Factory-Zirkel an. – Tournee mit The Velvet Underground. – Multimedia-Spektakel »Exploding Plastic Inevitable«. – Ab April: eigene Diskothek in New York. – Ausstellung mit silbernen Kissen und Kuhtapete bei Leo Castelli.

1967 Produktion des ersten Albums von The Velvet Underground. – Oktober: Alan Midgette tritt als Andy Warhol verkleidet auf und absolviert Vorträge an Universitäten.

1968-80 Freundschaft mit Jed Johnson.

1968 Die zweite Factory entsteht unter der Adresse 33 Union Square West. – 3. Juni: Attentat von Valerie Solanas.
1969 Gründung der Zeitschrift *Interview*. – Beginn der Sammelleidenschaft u. a. für Art-déco-Objekte.
1971 Aufführung des Theaterstücks *Pork*.
1972 Mao-Serie. – Erste Auftragsporträts von Prominenten. – 22. November: Tod der Mutter. – Finanztagebuch.
1974 Kauf des Stadthauses 58th East 66th Street. – Die dritte Factory entsteht: 860 Broadway.
1975 Serie *Ladies and Gentlemen*.
1976 Serie von Totenköpfen: *Sculls*.
1977 *Hammer and Sickel*-Bilder. – Das Studio 54 eröffnet und wird Warhols Stammdiskothek.
1978 *Oxidation Paintings* und die Schattenbilder *Shadows*.
1979 *Retrospectives* und *Reversals*. – Bekanntschaft mit Joseph Beuys.
1980 Porträtserie von »Juden des 20. Jahrhunderts«: *Ten Portraits of Jews of the Twentieth Century*.
1981 Die vierte Factory wird an der Madison Avenue eingerichtet. – Beziehung zu Jon Gould (bis 1985).
1982 Im Kabelprogramm läuft *Andy Warhol's TV*.
1983 Poster zum 100. Geburtstag der Brooklyn Bridge.
1984 *Collaboration Works* mit Francesco Clemente und Jean-Michel Basquiat.
ab 1986 *Andy Warhol's Fifteen Minutes* auf MTV
1986/87 Paraphrasen des *Letzten Abendmahls* nach Leonardo da Vinci.
1987 22. Februar: Andy Warhol stirbt in New York – Beerdigung in Pittsburgh. – 1. April: Gedenkgottesdienst in der St. Patrick's Cathedral in New York. – Gründung der »Andy Warhol Foundation for the Visual Arts«.
1988 Versteigerung von Warhols Nachlass bei Sotheby's in New York. – Erstes Symposium zu seinem Werk in der »Dia Art Foundation« in New York.

Bibliographie

»Don't pay any attention to what they write about you, just measure it by inches« – im Folgenden eine kleine Auswahl aus dem breiten Spektrum der Möglichkeiten.

Siglen

BO **Bockris, Victor**: *Andy Warhol.* Düsseldorf 1989

Sehr detailreiche, journalistische Darstellung von Warhols Leben. Viele O-Töne von Zeitgenossen, Freunden, Mitstudenten und Szenegängern der damaligen Zeit. Die englischsprachige Taschenbuchausgabe *Warhol: The Biography* erschien 1997 als Reprint (Bockris 1997).

PH **Warhol, Andy**: *Die Philosophie des Andy Warhol von A bis B und zurück.* Frankfurt/M. 2006

In 14 Kapiteln gibt der Künstler Einblicke in seine Sicht der Dinge. Über Liebe, Arbeit, Ruhm, Zeit, Tod, Unterhosen und vieles mehr. Warhols Text wurde von seiner langjährigen Sekretärin Pat Hackett zusammengestellt, überarbeitet und in eine lesbare Form gebracht.

SA **Sabin, Stefana**: *Andy Warhol.* Reinbek 1992

Kompakte Darstellung von Leben und Werk Andy Warhols.

Bücher von Andy Warhol

Hackett, Pat (Hrsg.): *The Andy Warhol Diaries.* New York 1989

Eine Fundgrube für Detail-Fetischisten, die auch in den banalsten Bemerkungen des Meisters noch Bedeutendes finden.

Warhol, Andy / Hackett, Pat: *Popism. The Warhol Sixties.* New York 1980

Eine Chronik der Sechziger, die diese denkwürdigen Zeiten Jahr für Jahr lebendig werden lässt.

Monographien

Im Wesentlichen beruft sich die vorliegende Darstellung des Lebens von Andy Warhol auf drei derzeit auf dem Markt erhältliche Biographien: die Bild-Biographie von Claudia Bauer, die Monographie von Stefana Sabin und die sehr ausführliche Darstellung von Victor Bockris. Auch wenn die Details, die Bockris in seiner Publikation bemüht, stellenweise sicherlich mit Vorsicht zu genießen sind, zeichnet sich seine Arbeit durch eine Fülle an Zitaten von Freunden, Zeitgenossen und Kollegen des Künstlers aus. In keiner anderen Biographie wird Warhols Umfeld so greifbar dargestellt. Neben dieser Sekundärliteratur steht natürlich immer wieder Andy Warhol selbst mit seinen verschiedenen Publikationen als Gewährsmann bereit, obwohl man sich auch hier nicht immer sicher sein kann, wo der schmale Grat zwischen Fiktion und Realität verläuft.

Bauer, Claudia: *Andy Warhol*. München 2004
Prägnant, mit einigen Hintergrundinformationen, ist dies die derzeit kürzeste Darstellung des Lebens und Wirkens von Andy Warhol.
Bourdon, David: *Andy Warhol*. Köln 1982
Illustrierte Darstellung eines Zeitgenossen, Freundes und Journalisten.
Goldman Rubin, Susan: *Andy Warhol. Pop Art Painter*. New York 2006
Eine englischsprachige Einführung zu Warhol v.a. für junge Leser, von der aber auch ältere Jahrgänge profitieren können.
Goldsmith, Kenneth (Hrsg.): *Interviews mit Andy Warhol*. Freiburg 2005
Wenn man sich der eigenwilligen Warhol'schen Gedankenwelt nähern will, gibt es – neben seiner *Philosophie* – keinen besseren Zugang. Perfekter Leitfaden für alle, die lernen wollen, wie man sich einem Interviewpartner höflich verweigert.
Kuhl, Isabel: *Living_art: Andy Warhol. Living art*. München 2007
Kurzfassung des schillernden Lebens von Andy Warhol.
Osterwold, Tilman: *Sturtevant*. Ausstellungskatalog Stuttgart, Hamburg, Nice, München 1992
Der Katalog wartet mit einem längeren Kapitel über Sturtevants Faszination für Warhol und die Appropriation Art auf.
Shafrazi, Tony: *Andy Warhol Portraits*. New York 2007
Leider etwas wenig Text, aber von den Abbildungen her mit das Beste, was man zu Warhols Porträts derzeit finden kann.
Shanes, Eric: *Warhol. Leben und Meisterwerke*. New York 2004
Einer der besten Einstiege in das Leben und die Werke von Andy Warhol, sowohl was die kurze Biographie betrifft als auch den kommentierten Bildteil.

Kataloge / Bildbände

Andy Warhol: »Giant« Size. Mit einer Einführung von Dave Hickey
Ein sieben Kilo schweres Coffee-Table-Book, das Biographie, Werkverzeichnis und Wirkungsgeschichte in 13 ausgewählten Kapiteln

präsentiert. Was Text, Bildangebot und die ungewöhnlichen Ausmaße angeht, ist das Werk unschlagbar.

Bastian, Heiner (Hrsg.): *Andy Warhol Retrospektive*. Köln 2001
Der Ausstellungskatalog der großen Übersichtsschau in Berlin und London 2001/2002 bietet einen sehr guten Einstieg in das Werk Warhols, auch wenn einige der erläuternden Texte sehr spezielle Themenstellungen verfolgen.

Elger, Dietmar: *Andy Warhol – Self-portraits*. Ostfildern 2004
Katalog zur Ausstellung im Kunstmuseum St. Gallen, im Sprengel Museum Hannover und der Scottish National Gallery of Modern Art, Edinburgh.

Frei, Georg/Printz, Neil: *Andy Warhol Catalogue Raisonné*. Bd. 1: Paintings and Sculptures 1961-1963. Berlin 2002; Bd. 2: Paintings and Sculptures 1964-1969. Berlin 2004
Kostspieliges Werkverzeichnis aller Arbeiten von Andy Warhol.

Knubben, Thomas (Hrsg.): *Andy Warhol, Watercolour*. Ostfildern 2005
In dem Ausstellungsbuch begegnet man in den zahlreichen Abbildungen dem leidenschaftlichen Zeichner Warhol und in den Texten von Heiner Bastian und Tilman Osterwold einem introvertierten Einzelgänger.

Kunstmuseum Wolfsburg (Hrsg.): *Andy Warhol. A Factory*. Ostfildern 1998
Eine Sammlung von kommentierten Reproduktionen, Film Stills, Fotos aus der Factory, Zitaten von Warhol und Texten von Kunsthistorikern wie Germano Celant.

Mercurio, Gianni/Morera Daniela: *The Andy Warhol Show*. Mailand 2004
Ein Ausstellungskatalog mit vorzüglichem Abbildungsteil und einem Text zu den Collaboration Works mit Basquiat und Clemente.

Schellmann, Jörg (Hrsg.): *Andy Warhol. Art from Art*. Köln 1994
Das Buch, das eine Ausstellung in einer Galerie begleitete, zeigt eine gute Zusammenfassung der kunsthistorischen Vorbilder bzw. der Warhol'schen Bearbeitungen.

Schulz-Hoffmann, Carla (Hrsg.): *Andy Warhol. The Last Supper*. Ostfildern 1998
Die Ausstellung zu Warhols letztem großen Werkzyklus war in Stuttgart und München zu sehen. Der Katalog bietet umfassendes Bildmaterial und einige sehr ausführliche Texte zur Entstehungsgeschichte.

Wiehager, Renate: *Andy Warhol, cars and business art.* Ostfildern 2002

Literatur zur Pop Art

Büsser, Martin: *Pop-Art.* Rotbuch 3000. Hamburg 2001
Knappe, aber umfassende und eine gute erste Orientierung bietende Darstellung der verschiedenen Medien, die die Pop Art umfasst.
Grasskamp, Walter/Krützen, Michaela/Schmitt, Stephan: *Was ist Pop? Zehn Versuche.* Frankfurt/M. 2004
Die Darstellungen sind das Ergebnis einer Studium-Generale-Veranstaltung der drei Münchner Kunsthochschulen, die dem Phänomen Pop von verschiedenen Seiten und in unterschiedlichen Bereichen auf der Spur sind.
Honnef, Klaus: *Pop Art.* Köln 2004
Als schneller Einstieg sehr empfehlenswert.
Kenner, Hugh: *Von Pope zu Pop. Kunst im Zeitalter von Xerox.* Basel 1995
Ein Ausstellungsbesuch der besonderen Art, der die Ebenen Literatur und Kunst ineinander übergehen lässt.
Lippard, Lucy: *Pop Art.* 3. Aufl. London 1970, 2004 wiederaufgelegt
Nach wie vor eine sehr gute Zusammenstellung der zentralen Figuren der Pop Art.
Livingstone, Marco: *Pop Art: A Continuing History.* London 1990
Umfassende Darstellung der Pop Art als künstlerischer Bewegung, die die wichtigsten Vertreter präsentiert.
Osterwold, Tilman: *Pop Art.* Köln 2003
Kurze Zusammenfassung zentraler Aspekte der Pop Art.

Weitere Literatur zu Andy Warhol

A Year In The Life Of Andy Warhol. Text von David Dalton. Fotos von David McCabe. New York 2003
Für alle, die wenig bekannte Fotos entdecken und einen Einblick in die Kunstwelt der sechziger Jahre in New York gewinnen wollen, ein Eldorado.
Bianchi, Paolo/Doswald, Christoph: *Andy Warhol – Joseph Beuys – Gegenspieler.* Frankfurt/M. 2000
Zwei unterschiedliche Künstlerpersönlichkeiten, die sich mochten und die, auch wenn sie unterschiedliche Wege gingen, das gleiche Ziel hatten, nämlich die Verschmelzung von Kunst und Leben, werden einander gegenübergestellt.

Crone, Rainer/Wiegand, Wilfried: *Die revolutionäre Ästhetik Andy Warhols*. Darmstadt 1972

Als historisch zu betrachtender Einstieg – versunkenes Vokabular sowie eine sehr politisch orientierte Interpretation – in die Rezeptionsgeschichte Warhols empfehlenswert.

Dillenberger, Jane Daggett: *The Religious Art of Andy Warhol*. New York 1998

Das Buch gibt einen guten Überblick über alle religiösen Aspekte im Leben und Werk von Andy Warhol und lässt einige seiner Arbeiten, z.B. die *Sculls*, in einem neuen Licht erscheinen.

Hohenberg, Christophe von/Scheips, Charlie: *Andy Warhol. The Day The Factory Died*. New York 2006

Ein bibliophiles Buch mit zahlreichen Fotografien von der Beerdigung und dem Tag des Gedenkgottesdienstes in New York am 1. April 1987.

Honnef, Klaus: *Andy Warhol 1928-1987. Kunst als Kommerz*. Köln 1999

Einführung in das Leben und die Ware Warhol.

Malanga, Gerard: *Archiving Warhol. An Illustrated History*. New York 2002

Ein interessanter Blick auf die Warhol-Szene von seiten eines Assistenten, der mit Warhol zeitweise gelebt und gearbeitet hat.

Zahner, Nina T.: *Die neuen Regeln der Kunst. Andy Warhol und der Umbau des Kunstbetriebs im 20. Jahrhundert*. Frankfurt/M. 2006

Eine wissenschaftliche Analyse der Pop Art und des Erfolges von Andy Warhol vor der Folie der Kunsttheorie von Pierre Bourdieu.

Weitere zitierte Literatur

Bartels, Gerrit: *We can be heroes, just for one day*. In: taz, 29.7.2006

Dallmann, Antje: *Andy Warhol – Eine Chronologie in Amerika*. In: Bastian 2001, S. 287-305

De Salvo, Donna: *Nachbild*. In: Bastian 2001, S. 48-52

Glozer, Laszlo: *Gastspiel im Olymp der Maler*. In: Schellmann 1994, S. 12-15

Graw, Isabelle: *Der Gefallsüchtige*. In: taz, 22.2.2007, S. 17

Knöfel, Ulrike: *Schuss ins Leben*. In: Spiegel 8/2007, S. 164 f.

Mejias, Jordan: *Ich bin heute ein besserer Warhol als damals. Interview mit Richard Pettibone*. In: Frankfurter Allgemeine Zeitung, 22.2.2007, S. 31

Perrin, Frank: *Der Sturtevant-Moment – 10 Anmerkungen zu einem zeitgenössischen Werden*. In: Osterwold 1992, S. 20-32

Reed, Lou: Pass Thru Fire. Frankfurt/M. 2006

Der Band versammelt die Texte aller Songs von Lou Reed im Original und in der deutschen Übersetzung. Er ist eine wahre Fundgrube für Kurioses und nachdenklich Stimmendes von den Anfängen mit The Velvet Underground bis in die Gegenwart.

Schulz-Hoffmann, Carla: *›Are You Serioùs Or Delirious?‹ – Vom Last Supper und Anderen Dingen*. In: Schulz-Hoffmann 1998, S. 9-20

Thierolf, Corinna: *›All The Catholic Things‹*. In: Schulz-Hoffmann 1998, S. 23-53

Varnedoe, Kirk: *Campbell's Soup Cans, 1962*. In: Bastian 2001, S. 41-47

Weibel, Peter: *Künstler war er weniger*. In: Die Zeit, 15. 2. 2007

Zitate aus dem Internet

Avignon, Jim: ‹http://www.spiegel.de/kultur/gesellschaft/0,1518,467876,00.html› (23. 2. 2007)

Baudrillard, Jean: ‹http://on1.zkm.de/zkm/stories/storyReader$4119›. Von Andy Warhol ausgehen. Gespräch mit Françoise Gaillard, ZKM Artikel vom Mai 1990

Dahn, Walter: ‹http://www.spiegel.de/kultur/gesellschaft/0,1518,467876-9,00.html› (23. 2. 2007)

Kettelhake, Silke: ‹http://www.fluter.de›. Ausgabe 2005-11-30 (1. 12. 2005)

Meese, Jonathan: ‹http://www.spiegel.de/kultur/gesellschaft/0,1518,467876-5,00.html› (23. 2. 2007)

Andy-Warhol-Museen

Andy Warhol Museum Pittsburgh

Große Sammlung mit Forschungsbereich und fulminantem Museumsshop.

Die Website des Museums: ‹www.warhol.org›

Familie-Warhol-Museum für Moderne Kunst in Medzilaborce

Im ehemals sozialistischen Kulturhaus sind neben 17 Arbeiten Andy Warhols auch Werke seiner Brüder und seines Neffen sowie anderer moderner Künstler zu sehen. Von Andy Warhol gibt es dort ein Porträt von Ingrid Bergman, *Campbell's Soup I* und *II* aus dem Jahr 1969, *Flowers I* und *II* von 1970 und einen *Electric Chair*. Daneben finden sich viele Bilder und Informationen zu Warhols Elternhaus.

Dem Besucher soll die legendäre Factory-Ästhetik nähergebracht werden.

Warhol in Bild und Ton

Andy Warhol: Das Tagebuch von 1976 bis 1987. Deutsche Grammophon 2006
Über fünf Stunden Hörzeit erwarten den ausdauernden Warhol-Fan auf 4 CDs. Aus den rund 20.000 Manuskriptseiten seines Tagebuches lesen Peter Fricke und Annette Ziellenbach Ausschnitte und würdigen damit das umfangreichste literarische Werk Warhols.
ARTdokumentation – Andy Warhol. 1987
Unter der Regie von Kim Evans und Lana Jokel werden in einer 76-minütigen Dokumentation Warhols Leben und sein Mythos mittels Interviews mit Freunden und Kollegen wie Paul Morrissey, Viva, Brigid Berlin, Victor Bockris, Ivan Karp und Edie Sedgwick beleuchtet.
Superstar – The Life And Times Of Andy Warhol. 1990 Marilyn Lewis Entertainment Ltd.
Der Film über Warhols Entwicklung in den fünfziger und sechziger Jahren gewann die Silber-Medaille für Dokumentation beim Chicago Film Festival und zeigt einen Großteil der Kollegen und Freunde Warhols sowie einen guten Einblick in die damalige Musikszene u. a. mit Blondie, Bob Dylan, John Lennon, Kate Bush, Vanilla Fudge, Donna Summer und Pink Floyd.
I Shot Andy Warhol. 2004 Atlantis Film
Tom Kalin und Christine Vachon produzierten mit dem 99 Minuten dauernden Film ein Sittenbild der New Yorker Kunstszene rund um Andy Warhol vor dem Hintergrund des Attentats von Valerie Solanas am 3. Juni 1968.

Ausgewählte Internetauftritte zu Andy Warhol

‹http://www.warholfoundation.org/›: Website der 1987 gegründeten »Andy Warhol Foundation for the Visual Arts«.
‹http://www.diacenter.org›: Neben Informationen zur Warhol-Sammlung wartet die Website auch mit Fakten zu den Ausstellungen »The Last Supper Paintings« (1994/95) und »Shadows« (1998/99) auf.
‹www.warholstars.org›: Hier findet sich nahezu alles, was man über die diversen Superstars der Warhol-Szene wissen möchte.

Personenregister

Werkregister

(Die farbig gedruckten Seitenzahlen verweisen auf Abbildungen der Zeichnungen, Drucke und Gemälde.)

Bildnachweis

Das Zitat auf der Umschlagrückseite ist Andy Warhols Band »Die Philosophie des Andy Warhol von A bis B und zurück« (PH, S. 71) entnommen.

Danksagung

Die Autorin dankt Christiane Dellbrügge, Ralf de Moll und Stefan Münker.

Suhrkamp BasisBiographien

Ein spannendes Leben, ein beeindruckendes Werk, eine bleibende Wirkung – die Suhrkamp BasisBiographien erzählen von Leben, Werk und Wirkung der großen Persönlichkeiten der Weltgeschichte.

Isabel Allende Von Martina Mauritz. sb 8. 160 Seiten
ISBN 978-3-518-18208-6

Hans Christian Andersen Von Gisela Perlet. sb 3. 160 Seiten
ISBN 978-3-518-18203-1

Hannah Arendt Von Thomas Wild. sb 17. 160 Seiten
ISBN 978-3-518-18217-8

Simone de Beauvoir Von Monika Pelz sb26. 160 Seiten
ISBN 978-3-518-18226-0

Samuel Beckett Von Gaby Hartel / Carola Veit. sb 13. 160 Seiten
ISBN 978-3-518-18213-7

Walter Benjamin Von Momme Brodersen. sb 4. 160 Seiten
ISBN 978-3-518-18204-8

Thomas Bernhard Von Manfred Mittermayer. sb 11. 160 Seiten
ISBN 978-3-518-18211-6

Bertolt Brecht Von Jan Knopf. sb 16. 160 Seiten
ISBN 978-3-518-18216-1

Buddha Von Ursula Gräfe. sb 5. 160 Seiten
ISBN 978-3-518-18205-6

Bob Dylan Von Jens Rosteck. sb 18. 160 Seiten
ISBN 978-3-518-18218-5

Caravaggio
Von Boris von Brauchitsch. Mit farbigen Abbildungen
sb25. 160 Seiten. ISBN 978-3-518-18225-3

Mahatma Gandhi Von Matthias Eberling. sb 19. 160 Seiten
ISBN 978-3-518-18219-2

Che Guevara Von Stephan Lahrem. sb 6. 160 Seiten
ISBN 978-3-518-18206-2

Heinrich Heine Von Joseph A. Kruse. sb 7. 160 Seiten
ISBN 978-3-518-18207-9

Hermann Hesse Von Michael Limberg. sb 1. 160 Seiten
ISBN 978-3-518-18201-7

James Joyce Von Hans- Christian Oeser und Jürgen Schneider.
sb 21. 160 Seiten. ISBN 978-3-518-18221-5

Frida Kahlo Von Karen Genschow. Mit farbigen Abbildungen.
sb 22. 160 Seiten. ISBN 978-3-518-18222-2

Klaus Kinski Von Peter Geyer. sb 20. 160 Seiten
ISBN 978-3-518-18220-8

Wolfgang Koeppen Von Günter und Hiltrud Häntzschel.
sb 12. 160 Seiten. ISBN 978-3-518-18212-3

Christoph Kolumbus Von Frauke Gewecke. sb 14. 160 Seiten
ISBN 978-3-518-18214-7

John Lennon Von Peter Kemper. sb 23, 160 Seiten
ISBN 978-3-518-18223-9

Wolfgang Amadeus Mozart Von Malte Korff. sb 10. 160 Seiten.
ISBN 978-3-518-18210-9

Romy Schneider Von Thilo Wydra. sb 30. 160 Seiten
ISBN 978-3-518-18230-7

Andy Warhol Von Annette Spohn. Mit farbigen Abbildungen.
sb 27. 160 Seiten. ISBN 978-3-518-18227-7

Ludwig Wittgenstein Von Joachim Schulte. sb 9. 160 Seiten
ISBN 3-518-18209-9

Christa Wolf Von Sonja Hilzinger. sb 24. 160 Seiten
ISBN 978-3-518-18224-6